かんたん時短、「即食」レシピ

もしもごはん

災害時に役立つ

管理栄養士
日本災害食学会災害食専門員
今泉マユ子

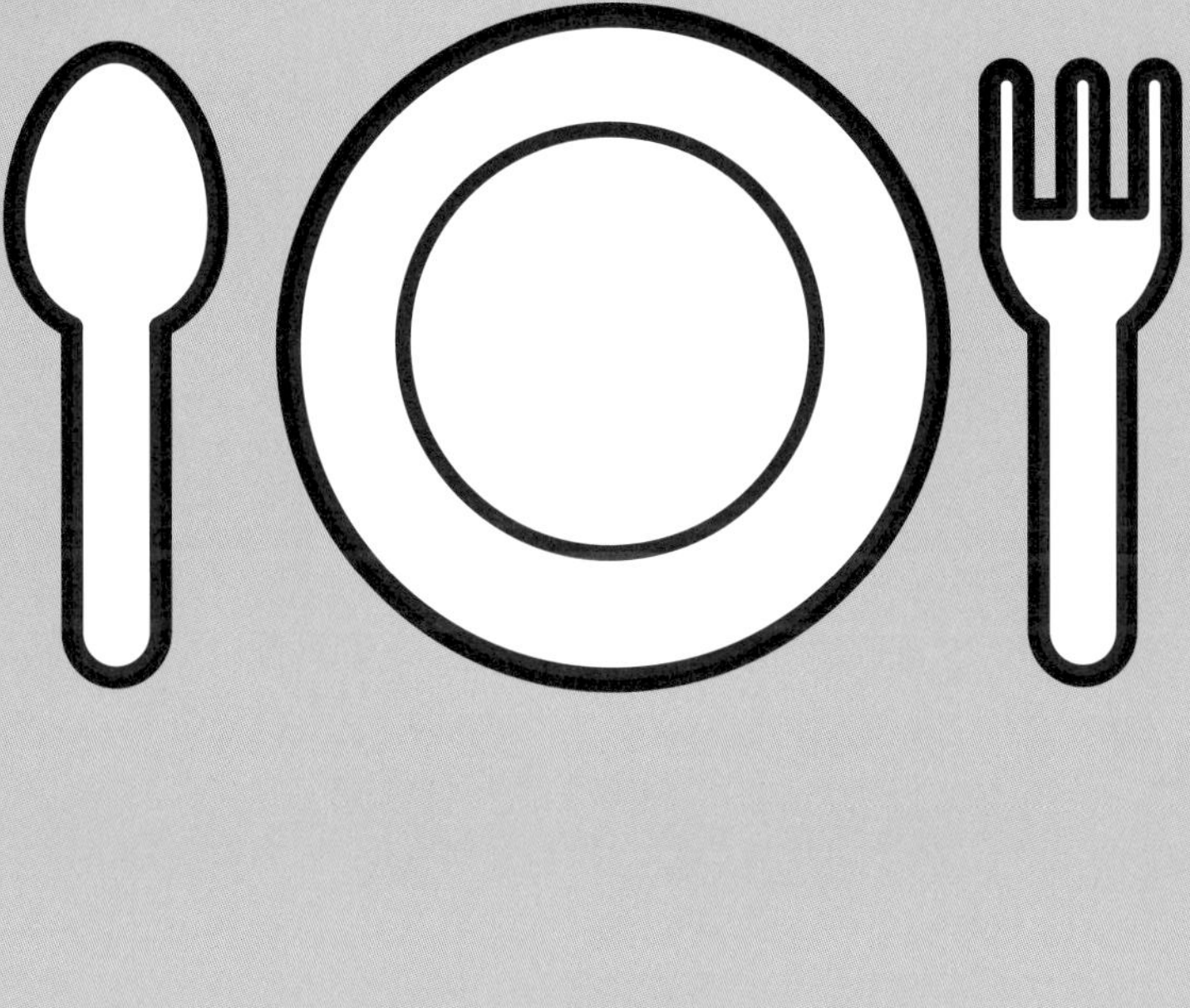

清流出版

はじめに――「もしも」に備えて、食料備蓄のすすめ

今は、「震災後」ではなく、「震災がくる前」だと私は考えています。

東日本大震災から五年が過ぎましたが、震災後と考えると災害が過去のこととして遠ざかっていくからです。

今後も南海トラフ巨大地震や、首都直下型地震が予想されていますが、それでもどこか人ごとで「自分だけは大丈夫」と、災害対策に向き合うことを避けていたところもあるのではないでしょうか。

そんな中、二〇一六年四月十四日、熊本地震が起きました。この熊本地震で多くの方が、災害は自分の身にもふりかかることとして、危機感をお持ちになったのでは……。

今を「震災前」と意識することで、災害に備えることの必要性が見えてくると思っています。

私は管理栄養士、日本災害食学会災害食専門員、防災食アドバイザーとして「災害食・防災食」、「備蓄食」の必要性とそのレシピをお伝えしています。また、家族の健康を気遣う母親としても、生きることと直結する「食料と水の備蓄の大切さ」を、広くお伝えしていきたいと思っています。

私がおすすめするのは、日常生活の中での少し多めの食料備蓄。これは自然災害が起こったときだけではなく、**病気やケガで、また新型感染症などによって家から出られない状況になったさいにも、食材のストックによって、当面の買い物をしなくてすむ**ことからです。

でも、備蓄するだけで安心とはいきません。大切なのは備蓄しているものを**「もしも」のときに活用すること**です。

災害時では致し方ないこととはいえ、備蓄食料をそのまま食べるのは味気ないもの。我慢して食べていると、食事がストレスになってしまいます。

災害時にも普段食べ慣れている味、好きな味のものを食べられることが、どれほど心を和ませることでしょう。

そこで**本書では、災害時でもなるべく日常と同じ食事ができるように、備蓄に適した食材を使ったレシピをご紹介**することにしました。

備蓄食材を使った料理は、災害時だけに食べる特別なものではありません。忙しくて食事作りに時間をかけられない方、お子様やご高齢の方から、普段あまり料理をしない方まで簡単に作ることができる、またアウトドアでも活用していただけるレシピです。

特別な材料を使わず、ライフラインが使えない状況でもおいしく食べられるように、火も水も包丁も使わない、名付けて「即食《そくしょく》レシピ」。

Step 1では、ポリ袋に入れて混ぜるだけという超かんたん・時短レシピをご紹介します。

さらに、日常でほんの少し時間に余裕があったときに、食材をプラスして作ってみていただきたい「ひと手間アレンジ」レシピも考えました。

Step 2では、災害時でも温かい料理が食べられるように、ポリ袋調理レシピをご紹介。

災害時に温かいものを食べることは、生きる気力になります。湯気からたちのぼるいい匂いが嗅覚を刺激し食欲が増します。体が温まることによって心も温まる。しかもこのポリ袋調理は節水、光熱費節約にもなる「省エネレシピ」です。

そしてStep 3では、「即食」「省エネ」を踏まえつつ、エネルギーチャージを考え、少しボリュームのある「整食レシピ」を考えました。

経験、体験したことはすべて自分の糧になります。普段から即食レシピやポリ袋を使った料理を作ってみてください。作り慣れた調理法が、「もしも」のときに、皆様のお役に立ってくれることを願っています。

目次

身の安全が確保されたら、「食」で命を守りましょう

なぜ備蓄が必要なのでしょうか？

いつ起こるか予測できない自然災害。被害の程度によって避難所生活となることも考えられますが、本書では、幸いにも自宅に留まることができた場合を想定したレシピをご紹介します。

「もしも」のさいには、自宅に食料、水などの備蓄をしていなかったために、慌てて買い出しに走っても、ほしいものは手に入らないので、自分で備える「自助」が必要となります。

災害発生

↓

道路寸断

↓

物資の物流に支障

↓

食料が手に入りづらい

↓

自助が必要

災害に備えて、備蓄食料を選ぶポイントとは？

災害時だからといって「生きるためだけの食事」、「我慢して食べる食事」では元気も出ません。体に必要な栄養の確保と、「おいしい」という心の栄養を摂ることが大切です。

大きなストレスを受けているときに、おいしいものを食べることは、ストレス解消にもなります。

備蓄食材のセレクトポイント

- ●家族や自分が好きなもので、食べ慣れているものを選ぶ。
- ●常温保存ができるもので、使い切りサイズを選ぶ。
- ●ライフラインが停止したさいでも調理できるものを選ぶ。

これらを参考に、家族の人数、高齢者や乳児がいるかによって、用意する食料を変えてください。

■備蓄食料は、ローリングストック法で消費する

備蓄食料を非常時に食べるものと捉えると、保存したままにしてしまい、いざ必要となったときに、賞味期限切れということも起こります。普段使いをしながら、食べたらその分を買い足すようにしましょう。

ローリングストックの利点

- ●いろいろな食品を食べてみることで、その中から好みのものを備蓄できる。
- ●賞味期限切れによる廃棄を減らせる。
- ●日常的に食べていれば、災害時でも食べ慣れているものが食べられる。

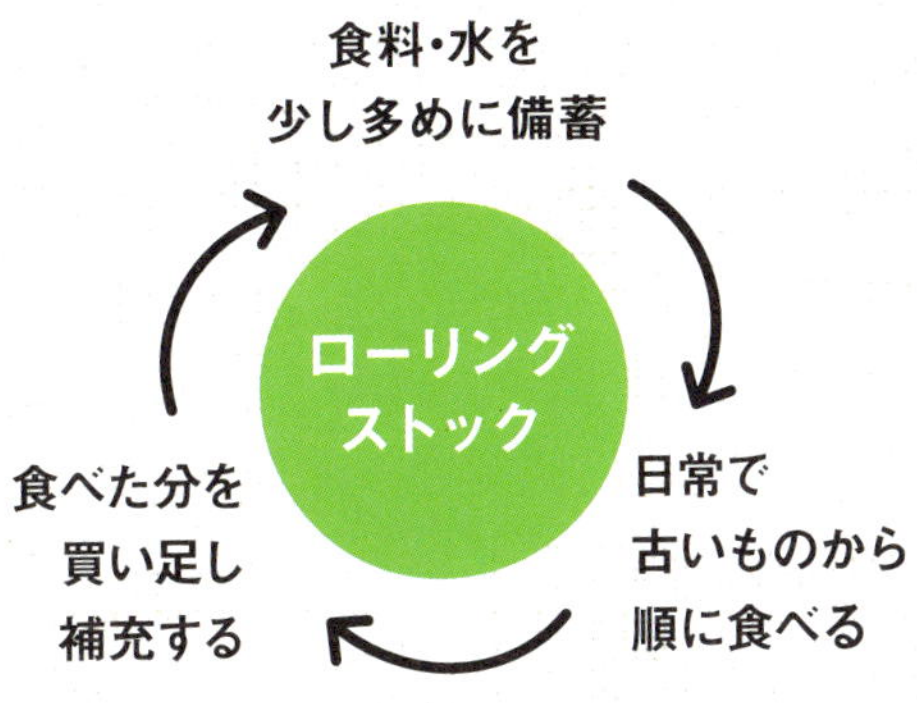

食の確保、何をどれだけ備蓄したらいいの？

「とりあえず食料の備蓄をしたので安心」と思って、しまい込んでしまうと、いつのまにか賞味期限切れとなっていたり、必要に迫られて、そのまま食べるだけの味気ないものになってしまいます。

　災害時でも、日常食が食べられれば、ほっと心がなごむことでしょう。普段使いをするための備蓄にしてください。これまで目安として「3日分」の備蓄がすすめられていましたが、現在では大規模な災害に備えて「7日分」以上の確保が推奨されています。

水

　水は人間にとって必要不可欠なものです。水分補給は、熱中症対策のほかにも、脳梗塞や心筋梗塞などのリスクを軽減するためにも、大切な役目をもっています。健康維持にとって、一番の基本が水といえます。

●飲料用＋調理用として【1人分】

1日分＝3リットル をストックの目安に

7日分＝21リットル のストックがあれば安心！

2リットルのペットボトル×10本を目安に

＊ペットボトルの水の賞味期限は2年程度が一般的です。日常で使いながら買い足しておくことをおすすめします。近年では5年、7年、10年と長期保存できる水も市販されています。

注意ポイント

- 2リットルのペットボトルの水は重いので、飲料用には５００ミリリットルのペットボトルの備蓄も別にしておいたほうが安心。
- 水には軟水と硬水があり、日本の水はほとんどが軟水。備蓄は軟水を。硬水はミネラル分が多く、飲み薬に悪影響を及ぼすこともあるので注意が必要です。

●生活用水として

飲料水のほかにも、多くの生活用水が必要となります。

わが家では使用済みのペットボトルに水道水を入れて保存しています。

ポリタンクを用意すると便利。水道水を入れて保存をしたり、断水のさいは給水拠点から水を調達することができます。

注意ポイント

- ポリタンクやペットボトルに入れた重い水を運ぶのには、台車やショッピングカートがあると便利。ただし段差や瓦礫などに注意が必要。
- 20リットル用のポリタンクを持つのは重くて大変。10リットル用を2個用意するのがおすすめ。

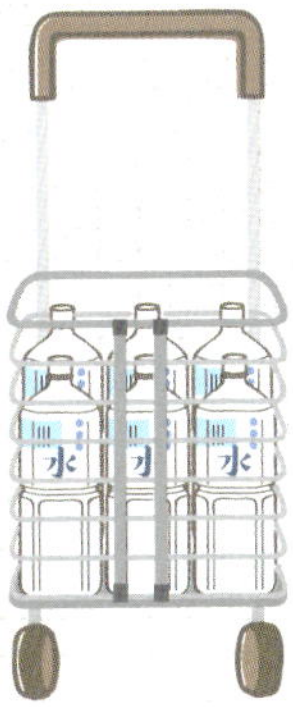

食料

日常食として使いながら、常温で保存のきくものを備蓄。
少し多めに備蓄し、使ったら買い足して、「もしも」に備えましょう。

主食——活動エネルギーの源

- 米
  ※災害時には研がずに済む無洗米が便利
- レトルトごはん、
  レトルトおかゆ
- アルファ化米
- 缶詰パン
- 小麦粉、米粉、
  ホットケーキミックス、
  お好み焼き粉
- 乾麺
  （うどん、そば、
  そうめん、パスタ）
- カンパン
- 餅
- クラッカー
- シリアル類

ほか

副菜——ビタミン・ミネラルを確保

- 切り干し大根、ひじき、わかめ、
  きざみ昆布などの乾物
- トマト、コーン、大豆などの缶詰
- らっきょうやピクルスなどのびん詰
- じゃがいも、さつまいも、大根、
  人参、玉ねぎなど日持ちする野菜
- 梅干

ほか

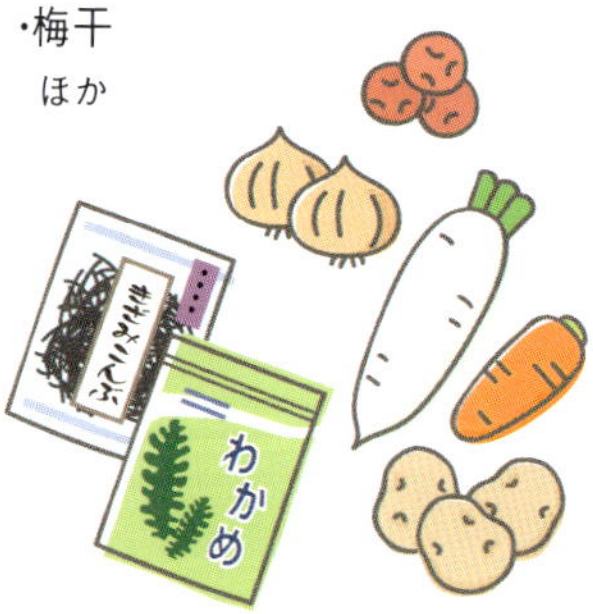

主菜——良質タンパク質や脂質の供給源

- 肉、魚、豆などの缶詰
- カレー、シチュー、ミートソース
  などのレトルト食品
- 高野豆腐、お麩などの乾物

ほか

果物・菓子――おやつは心の栄養

・果物缶
・ドライフルーツ
・チョコレート、飴、
ビスケット、煎餅
ほか

飲料――水分不足は不調のもと

・水
・お茶
・ジュース
・コーヒー、
紅茶
ほか

調味料――使い終わる前に必ず補充

・みそ、しょうゆ、酢、塩、
砂糖、食用油、ケチャップ、
マヨネーズ、めんつゆ
・チューブ調味料（お好みで）
ほか

※開封した調味料は、冷蔵庫で保管が必要なのものが多くあります。停電のさいには、保冷剤を入れた保冷バッグに移し、早めに使いきりましょう。

注意ポイント

●高齢者、幼児、食物アレルギーや慢性疾患などを持っている方が家族にいらっしゃる場合は、その状況に合わせた食品の備蓄が必要となります。

1人分・1週間の備蓄食品例

名古屋市が行ったアンケートでは、東海地震が予知され警戒宣言が発表された場合、80パーセントの方が買い物に行くと答えているそうです。小売店舗にある在庫だけでは、足りなくなることが予想されるので、各ご家庭での備蓄が必要となります。大規模な災害に備えて「7日分」の備蓄をおすすめします。

■主食
・アルファ化米 ……… 7個
・レトルトごはん、
レトルトおかゆ …… 3個
・缶詰パン …………… 3缶
・乾麺
（うどん、そば、そうめん、
パスタ）
………………………… 1袋
・シリアル類 ………… 1袋
・米、もち ……………適宜

■主菜
・肉・魚・豆などの缶詰
………………………… 7個
・カレー、シチュー、
ミートソースなどの
レトルト食品 ……… 7袋

■副菜
・切り干し大根、ひじき、
わかめなどの乾物 … 2袋
・スイートコーン缶、
大豆缶など ………… 7個
・じゃがいもなど
（あれば）…………… 5個

■果物・菓子
・果物缶、ドライフルーツ、
チョコレート、飴、
ビスケット、煎餅など
………………………適宜

■飲料
・水 …………… 2ℓ×8本
・お茶、ジュース
………… 500mℓ×10本

災害時にも大活躍、調理に役立つ便利用品

ガスボンベ

ガスボンベは、1本約60～90分使用できるので、15～18本あれば安心(政府推奨による)。

注意ポイント

ガスボンベの保管方法と場所には注意が必要です。湿気が少なく、温度変化が小さな場所に保管。ガスボンベも普段から使って買い足すローリングストックをおすすめします。

使い捨て食器(割り箸、紙コップ、皿など)

洗いものを出さないために、用意しておくと便利です。

クッキングシート

フライパンに敷いて調理すれば、油を使わずに調理ができて、洗いものを出さずにすみます。

カセットコンロ

温かいものを食べると、心が落ち着くもの。電気が復旧するまでの熱源の確保のために、カセットコンロとボンベは必需品です。

注意ポイント

便利なカセットコンロとはいえ、使い方を間違えると大きな事故につながります。

❶2台以上並べて使用しない。▶熱がこもり、ボンベが過熱、爆発することがある。

❷大きな調理器具を使用しない。▶熱がこもり、ボンベが過熱、爆発することがある。

❸コンロを覆う大きな台付きの魚焼き器を使用しない。▶熱がこもり、ボンベが過熱、爆発することがある。

❹コンロに指定されているボンベを使用する。▶指定外のボンベを使用すると、ガス漏れや火災の原因になる。

❺密閉した室内や、テント、車内で使用しない。▶一酸化炭素中毒の危険がある。

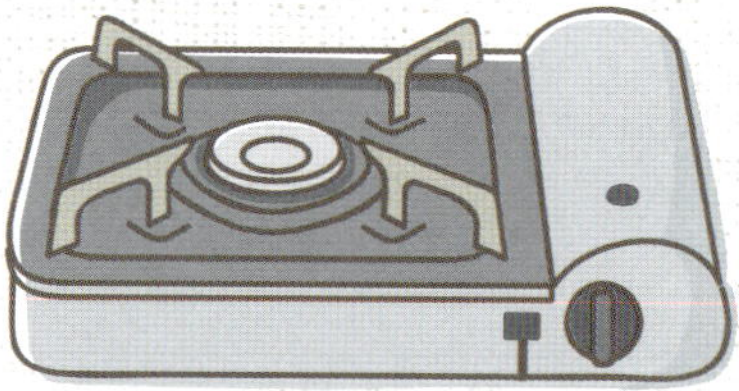

ポリ袋

大き目の45リットルから、大小サイズ違いを用意。水を入れたり、食事のさいには食器を包んだり、調理のさいはボウル代わりにも使用できます。

保冷バッグ

保冷剤を入れて食品保存や、冷蔵が必要な調味料などの保管に。

スープジャー

保温目的だけではなく、調理道具としても活躍します。

ウェットティッシュ

手拭きや、体拭き、使った調理器具などを拭くために。

レジ袋

水の運搬に使える。また段ボール箱にかぶせて水入れとしても使用できます。

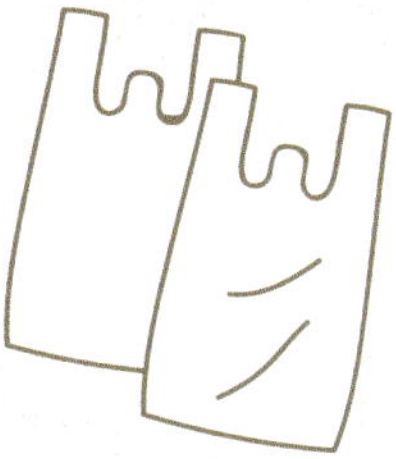

発泡スチロール

保冷が必要なさいの食品保存や、保温調理にも使えます。

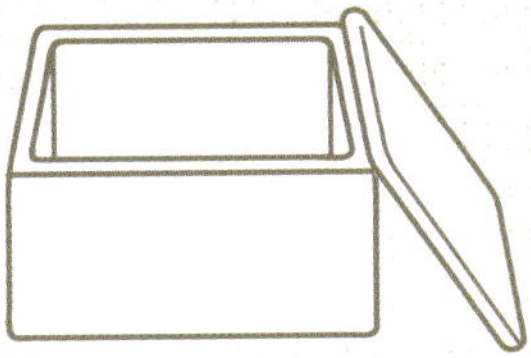

アルミホイル

フライパンに敷いて調理をしたり、器や蓋がわりとしても使用できます。

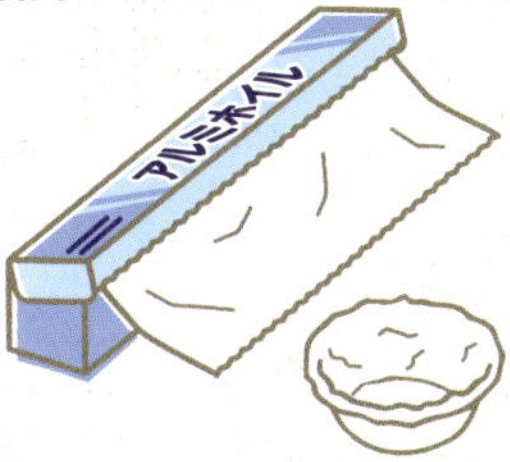

ラップフィルム

皿にかぶせると、洗いものを出さずにすみます。

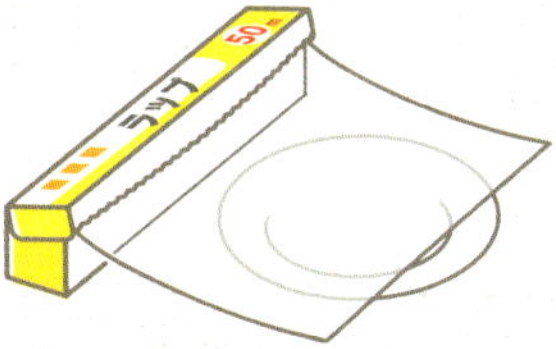

使い捨てポリエチレン手袋

調理のさいに、食材に直接ふれないようにしたり、また、手にケガなどをしたさいの調理にも必要。

調理バサミ、ピーラー、スライサー

包丁がわりに活用できるので、まな板を使わずにすみます。

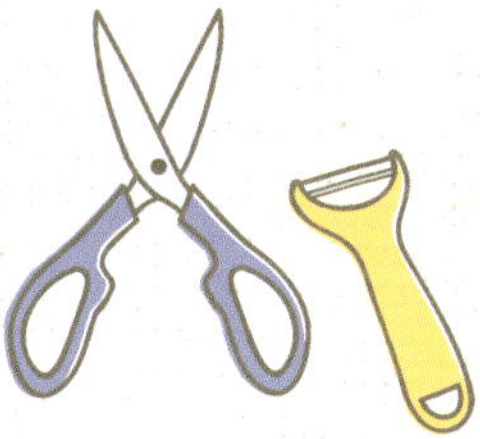

食中毒に注意　衛生環境が悪化する災害時に気をつけたいのが食中毒です。

注意ポイント

❶使い捨て手袋やポリ袋を使い、なるべく食材に触らない。

❷作ったものは、すぐに食べる。

❸食べ残しは、思いきって廃棄する。

災害発生後の1人分・1週間の献立例

ある日、ある時、突然に発生する地震。その精神的ダメージによって、直後は食欲も出ず、食事にまで頭がまわらないことでしょう。それでも、私はおいしい食事を摂ることで、生きるエネルギーが得られると確信しています。

災害発生後から1週間分、備蓄食材を使った献立例を作成しました。作り方は各レシピの掲載ページをご覧ください。

おかゆやごはん、スイーツなどの缶詰も長期保存に便利。

発生後～3日目
電気・ガス・水道がストップ
ハイスピード・クッキングレシピ

	1日目	2日目	
朝食	●缶詰のパン ●ジュース	●カロリーメイトなどの栄養機能食品 ●フルーツ缶	
昼食	●アルファ化米の豆茶ごはん【93ページ】	●アルファ化米の白米 ●ドライカレー【28ページ】	
夕食	●アルファ化米のわかめごはん ●ガスパチョ【46ページ】	●缶詰ごはん ●いかと大豆とひじきの煮物風【32ページ】	

4日目〜7日目 温かいものも食べたい 光熱費節約クッキングレシピ					
7日目	6日目	5日目	4日目	3日目	
●スープ餅【77ページ】 ●芋けんぴ【89ページ】	●カンパンピザ風【91ページ】 ●ツナと人参のごま和え【57ページ】	●コーンパンケーキ【69ページ】 ●野菜ジュース	●卵雑炊【76ページ】 ●ミックスビーンズのあんこ玉【48ページ】	●クラッカー ●オーロラコーン【26ページ】 ●チーズケーキ缶	
●ごはん【60ページ】 ●トマトコンビーフ煮込み【84ページ】	●ごはん【60ページ】 ●さんまとキャベツの煮物【70ページ】	●切り干し大根の焼きそば風【87ページ】 ●大豆あんみつ【49ページ】	●お好み焼き餅【88ページ】 ●さけとわかめのらっきょうサラダ【36ページ】	●缶詰のパン ●いわしのトマト煮風【35ページ】	
●なめたけさけごはん【65ページ】 ●クリームコーンスープ【74ページ】	●カレー餅【67ページ】 ●ひじきとコーンのなめたけ和え【34ページ】	●焼き鳥ひじきごはん【62ページ】 ●みそ汁【74ページ】	●ごはん【60ページ】 ●マーボー高野豆腐【72ページ】 ●さんまの冷や汁【47ページ】	●レトルトパックのおかゆ ●ツナと切り干し大根のマヨ和え【41ページ】	

Step 1
即食レシピ

「即」作ることができて、
「即」食べられるから、「即食レシピ」
日常での食事作りが、
ちょっと億劫なときのお助けレシピとしても
活用してください。

災害発生〜３日目まで
に最適レシピ

ハイスピード・クッキング——食材をポリ袋に入れて混ぜるだけ！

日本列島は地震の活動期に入ったといわれています。巨大地震が発生したさいは、何はともあれ身の安全が最優先となります。被害の程度によって、避難所生活を余儀なくされることも想定されますが、幸いにも、自宅で生活が続けられるのであれば、健康の維持や、明日への活力を得るために、食事をしっかり摂ることが必要となります。

とはいうものの、被災直後は、食欲も起こらず、料理を作る気力もわかないことでしょう。そこで、火も水も使わず、ポリ袋で混ぜるだけというハイスピード・クッキングレシピをご紹介します。

このレシピは、災害が発生しライフラインが停止した場合を想定し、備蓄食料を使っています。

●災害発生～3日目までに、おすすめレシピ
電気・ガス・水道が止まっても作れます！

◆使用食材＝缶詰・レトルト食品・びん詰・乾物・ナッツ・チーズ
◆使用調味料＝めんつゆ・チリパウダー・カレー粉・マヨネーズ・チューブ入り調味料・ポン酢・レモン汁
◆調理器具＝ポリ袋・木べら・スプーン

注意ポイント

●災害時は、まずは、冷蔵庫の中の日持ちがしにくいものから食べていく必要がありますが、各家庭によって食材が異なりますので、本書では備蓄食品を使ったレシピをご紹介します。

具材を入れる。

調味料を入れる。

味がなじむように混ぜる。

できあがり！

※本書の計量の単位は、1カップ＝200㎖、大さじ1＝15㎖、小さじ1＝5㎖です。

缶詰・レトルト食品・びん詰を使って、熱源不要

火も水も、包丁も使わない！ ポリ袋で混ぜるだけ!!

味付けは、調味料をちょい足しするだけ

缶詰やレトルト食品、びん詰は、備蓄に便利なことはもちろんのこと、あらかじめ味付けがしてあるものには、お好みによって、ほんの少し調味料を追加するだけで、ピタリと味が決まります。

缶詰

おすすめポイント

- 完全密封して加熱殺菌しているので、中身は腐敗や酸化することなく、常温で長期保存が可能。
- 保存料や殺菌剤を使用していないので安心。
- 味付けしている缶詰は、追加の調味料が不要で、すぐに食べられる。
- 魚や肉、豆類、野菜、フルーツなど食材が豊富で、一年を通して料理の素材として利用価値が高い。

レトルト食品

おすすめポイント

- 常温で長期保存ができる。
- ハサミを使わずに手で開封できるものが多い。
- 調理済食品や加工品、米飯類など食品の種類が豊富。
- 調理済食品は、味付けが不要なので、そのまま食べられる。
- 立てたり、重ねたりできるので収納に便利。

びん詰

おすすめポイント

- 中身が目視できて、空きびんが再利用できる。
- 蓋を開けるまでは常温保存ができる。
- 開封後は、中身を移し替える必要がなく、びんのまま保存ができるので、一度に食べ切る必要がない（製品によって冷蔵庫保存が必要なものがあるので注意）。

缶詰+
レトルト
食品で

さばコーンおかか和え

シンプルな味付けだからこそ、素材のうま味が味わえる
コーンの甘味成分・糖質でエネルギー補給

さばとかつお節に含まれる
アミノ酸で疲労回復

【材料・2人分】
さば水煮缶……1缶
スイートコーン ドライパック……1袋
かつお節……1袋（3g）
3倍濃縮めんつゆ……小さじ1
ごま油……少々

【作り方】
❶ ポリ袋にさば水煮を缶汁ごと、そのほかの材料もすべて入れて混ぜる。

忙しい日常生活の中でも、食事作りにほんの少し時間がかけられるときには、ひと手間と材料をプラスしてみてください。おいしい「ひと手間アレンジ」レシピをご紹介します。

ひと手間
アレンジ

Daily

トマトパン粉焼き

抗酸化作用のあるリコピンたっぷりのトマトをプラス

【プラス材料】 マヨネーズ、トマト、パン粉、オリーブ油、ドライパセリ
【作り方】 ❶さばコーンおかか和えを耐熱容器に入れ、マヨネーズ、スライスしたトマトをのせる。
❷上からパン粉とオリーブ油をかけて、オーブントースターでパン粉に焦げ目がつくまで焼く。焼き上がったらドライパセリをかける。

缶詰で

オーロラコーン

大豆のミートソースだから食物繊維たっぷり
マヨネーズを混ぜてオーロラソースのできあがり

常温でOK。驚きのおいしさ
クラッカーやビスケットにつけて

【材料・2人分】
大豆のお肉のミートソース缶……1缶
スイートコーン ドライパック缶……1缶
マヨネーズ……適量
ドライパセリ(お好みで)……少々

【作り方】
1 ポリ袋に材料をすべて入れて混ぜる。

POINT
ドライパックは中を真空にし蒸気加熱しているので、うま味や食感がそのまま味わえます。缶詰とレトルトパウチがあり、水切り不要な便利食材。

ひと手間アレンジ

オーロラコーン サンドイッチ

大豆にチーズ、野菜を加えて、栄養バランスのよい一品に

【プラス材料】 ロールパン、レタス、チーズ、オニオンスライス、バジル、バター（マーガリン）

【作り方】 ❶ロールパンに切り込みを入れ、切り口にバターをぬり、レタス、チーズ、オニオンスライス、オーロラコーンをはさむ。上にバジルを飾る。

食後の洗いものを出さない節約法

災害時には貴重な水を大切に使いたい。
ポリ袋、アルミホイル、ラップフィルムや紙皿などを活用しましょう。

A

B

C

A おかずをひと皿に盛るさいには、食材を混ぜ合わせたポリ袋ごと器にかぶせる。

B 取り分けるさいは、それぞれの器にアルミホイルを器に敷いて使用。

C ラップフィルムを紙皿にかぶせて使用。いずれも使用した器を洗わずに再使用ができる。

缶詰+
レトルト
食品で

チリコンカーン&ドライカレー

ピリッと辛いチリパウダーやカレー粉で食欲増進
体を温め、疲労回復、抗酸化作用も

消化器官を整える食物繊維
豆をたっぷり摂って便秘対策

【材料・2人分】
大豆のお肉のミートソース缶……1缶
ミックスビーンズ ドライパック
……1袋
チリパウダー、またはカレー粉
……小さじ1
ドライパセリ(お好みで)……少々

【作り方】
❶ポリ袋に材料をすべて入れて混ぜる。

POINT
ミートソースにチリパウダーをプラスすればアメリカの国民食のひとつ、チリコンカーン(写真上)に。カレー粉プラスでドライカレー(写真下)に変身。

ひと手間アレンジ

チリコンカーン タコス

レタスとサワークリームを加えて メキシカンに

【プラス材料】 トルティーヤ、レタス、サワークリーム

【作り方】 ❶トルティーヤに、チリコンカーンと千切りにしたレタスをはさみ、お好みでサワークリームをのせる。

五穀米の ドライカレー

ミックスビーンズと五穀米の 食感がピッタリマッチ

【プラス材料】 五穀米、チャービルなどの付け合わせ野菜

【作り方】 ❶器に五穀米とドライカレーを盛る。お好みで粉チーズをかける。

POINT

五穀米など、いわゆる雑穀米は、白米と比べて鉄・カルシウム・食物繊維が5～7倍含まれています。

レトルト食品で

ミックスビーンズのチーズ和え

高タンパク質でカルシウムが豊富に含まれるチーズ
プロセスチーズ（写真左）でも、クリームチーズ（写真右）でも豆との相性ピッタリ

プロセスチーズもポリ袋で
簡単に潰せます！

Daily

ひと手間
アレンジ

生ハム＆
スモークサーモン巻き

ちょっとおしゃれな大人味

【プラス材料】 生ハム、スモークサーモン
【作り方】 ❶お好みで生ハムやハム、スモークサーモンなどにミックスビーンズのチーズ和えをはさみ、ピックで止める。

【材料・2人分】
ミックスビーンズ ドライパック……1袋
チーズ……20ｇ
（プロセスチーズ小4個、クリームチーズ1個、スライスチーズ1枚など）
おろしにんにく（チューブ入りでも）……少々
塩・こしょう・レモン汁……各少々

【作り方】
❶ポリ袋にチーズを入れて潰す。おろしにんにく、塩、こしょう、レモン汁を入れてしっかりと混ぜ、ミックスビーンズを加えて混ぜ合わせる。

ポリ袋に入れて混ぜるさいは、具材がポリ袋の中で広がらないように、袋の片側の角を使う。

レトルト食品で

ドライパックサラダ

**豆、海藻、野菜がたっぷりの健康サラダ
柚子こしょうの辛味がアクセントに**

ひじきの鉄分で
貧血予防

ひと手間アレンジ

Daily

巣ごもり卵

卵のレシチンで脳が活性化

【プラス材料】 卵、オリーブ油
【作り方】 ❶耐熱容器にドライパックサラダを入れて真ん中をくぼませ、卵を割り入れる。オリーブ油を回しかける。オーブントースターで5分加熱する。

【材料・2人分】
大豆 ドライパック……1袋
ひじき ドライパック……1袋
スイートコーン ドライパック……1袋
ミックスビーンズ ドライパック……1袋
柚子こしょう……小さじ1弱
マヨネーズ……小さじ1

【作り方】
❶ポリ袋に柚子こしょうとマヨネーズを入れて混ぜ合わせてから、そのほかの材料もすべて入れて混ぜる。
＊柚子こしょうのほかにも、お好きなドレッシングやポン酢などで和えてもおいしくいただけます。

いかと大豆とひじきの煮物風

缶詰で

やわらかく煮付けたいかの缶詰を使えば、味付けいらず！
和食の定番が煮込まずにできる

ひと手間
アレンジ

Daily

五目巾着焼き

つけだれいらず。こんがりパリパリ

【プラス材料】 おろししょうが、油揚げ

【作り方】 ❶いかと大豆とひじきの煮物風のいかを小さくカットし、おろししょうがを混ぜる。
❷半分に切った油揚げに、①を詰めて楊枝で止めて、オーブントースターで焼き色がつくまで焼く。

【材料・2人分】

いか味付き缶……1缶
大豆 ドライパック缶……1缶
ひじき ドライパック缶……1缶

【作り方】

❶ポリ袋に、いかを缶汁ごと、そのほかの材料もすべて入れて混ぜる。
＊缶詰のいかは手で簡単にさけます。

POINT

ひじきに含まれるビタミンB群や食物繊維と、大豆のレシチンのダブル使いで、コレステロール値を下げる効果が期待できます。

あさりとひじきの青のり和え

缶詰＋レトルト食品で

磯の風味があとを引くおいしさ
鉄分・カルシウム豊富なあさりとひじきで骨粗しょう症予防

あさりと青のりのカリウムでむくみも解消

ひと手間アレンジ

Daily

具だくさん卵焼き

おかずに、お弁当に万能副菜

【プラス材料】 卵2個、ごま油
【作り方】 ❶あさりとひじきの青のり和えに、卵を割り入れてよく混ぜる。ごま油を熱したフライパンで焼く。

【材料・2人分】
あさり缶……1缶
ひじき ドライパック……1袋
ポン酢……小さじ1
青のり……大さじ1

【作り方】
❶ポリ袋に、あさりは缶汁ごと、そのほかの材料もすべて入れて混ぜる。
＊あさり缶の汁は、ほどよい出汁になるので、捨てずに入れてください。

ひじきとコーンのなめたけ和え

レトルト食品で

なめたけの塩味とうま味が調味料
ごはんにかけてもおいしい

食物繊維がたっぷりだから
腸内環境が整う

ひと手間
アレンジ

Daily

厚揚げ具のせ焼き

たっぷりのせて、ボリューミー主菜に

【プラス材料】 厚揚げ、かいわれ大根、ごま油
【作り方】 ❶厚揚げは一口大に切り、ひじきとコーンのなめたけ和えをのせて、上からごま油を回しかける。オーブントースターで焼いてからかいわれ大根をのせる。

【材料・2人分】
ひじき ドライパック……1袋
スイートコーン ドライパック……1袋
なめたけ……大さじ2

【作り方】
❶ポリ袋に材料をすべて入れて混ぜる。
＊なめたけのびん詰の塩分が気になる方は、うす塩タイプを使用してください。

缶詰で

いわしのトマト煮風

**カルシウム不足はイライラのもと
いわしのカルシウムでストレス解消**

いわしのコエンザイムQ10には
美肌効果が

ひと手間
アレンジ

Daily

地中海ドリア

いわしのトマト煮風は万能ソース

【プラス材料】 ごはん、チーズ、ドライパセリ
【作り方】 ❶耐熱容器にごはんを入れ、その上にいわしのトマト煮風をのせる。とけるチーズをかけてオーブントースターで焼き色がつくまで焼く。取り出してドライパセリをかける。

【材料・2人分】
いわし味付き缶……1缶
トマトソース缶……1缶
オリーブ油……少々
＊いわし缶のほかにも、お好きな魚の缶詰でOK。
＊写真左上のパンは、長期保存が可能な缶詰食品。

【作り方】
❶ポリ袋にいわしを缶汁ごと、そのほかの材料もすべて入れて混ぜる。

POINT
トマトソース缶は、トマトと炒めた玉ねぎ、にんにくをじっくり煮込んであり、うま味と栄養が凝縮されています。味付きの魚の缶詰が調味料に。

さけとわかめのらっきょうサラダ

缶詰＋
びん詰で

ほどよい甘酸っぱさが、さけとわかめにからんで食べやすい
食欲がないときや、夏バテ予防にもおすすめ

さけは必須アミノ酸を含む
良質なタンパク質源

ひと手間
アレンジ

おろし和え

大根おろしをプラスして消化促進

【プラス材料】 大根おろし
【作り方】 ❶水気をきった大根おろしに、さけとわかめのらっきょうサラダを混ぜる。

【材料・2人分】
さけ缶……1缶
らっきょう……1びん
カットわかめ……大さじ1
白ごま（お好みで）……少々

【作り方】
❶ポリ袋に材料をすべて入れて混ぜる。
＊わかめは水で戻さなくても、さけ缶とらっきょうの水分で食べやすくなります。

POINT
らっきょうに含まれるアリシンで、疲労回復、滋養強壮効果が。血行促進による冷え性の解消が期待できます。

焼き鳥とカシューナッツのマヨ和え

缶詰で

小さな実・カシューナッツに栄養がぎっしり
おかずにも、おつまみにもなる

ナッツの食物繊維と
オレイン酸が、便秘改善に効く

【材料・2人分】
焼き鳥缶……1缶
カシューナッツ……40g
マヨネーズ……小さじ1

【作り方】
❶ポリ袋に焼き鳥を缶汁ごと、そのほかの材料もすべて入れて混ぜる。
＊カシューナッツ以外にも、アーモンド、ピーナッツ、くるみなどのナッツ類を加えても。

ひと手間アレンジ

Daily

鶏肉とカシューナッツの炒め物

ピーマンのビタミンCで栄養効果アップ

【プラス材料】 ピーマン、おろししょうが、ごま油、塩、こしょう
【作り方】 ❶フライパンにごま油を熱し、種を取り一口大に切ったピーマンとおろししょうがを炒める。焼き鳥とカシューナッツのマヨ和えを加えて炒め、塩、こしょうで味を調える。

POINT

カシューナッツは、カシューの木になる実。悪玉コレステロールを減らすオレイン酸が血液をサラサラにし、生活習慣病予防の効果があります。

ひよこ豆のフムス

缶詰で

豊富な食物繊維とミネラル類が、
便秘解消、むくみ予防、丈夫な骨づくりに効果を発揮

失敗なしの簡単さ
本格的エスニックを

ひと手間
アレンジ

Daily

ディップ&カナッペ

スティック野菜につけてディップに

【プラス材料】 バケット、オリーブ油、バジル、きゅうり、人参

【作り方】 ❶薄く切ったバケットにフムスをのせ、オリーブ油をかけてバジルをのせる。野菜には、フムスをそのままつける。

POINT

フムスは、中東の国々で食べられている伝統料理です。ひよこ豆の缶詰を使って手軽に作れます。

【材料・2人分】

ひよこ豆缶……1缶
おろしにんにく(チューブ入りでも)
……小さじ1
ねりゴマ(ごまペーストでも)……大さじ1
レモン汁……大さじ1
塩、こしょう……少々
オリーブ油……小さじ1
クミンパウダー(お好みで)……小さじ1

【作り方】

❶ポリ袋は、破けないように2枚重ねをして、ひよこ豆を入れ、木べらなどを使ってしっかりと潰す。その中に材料をすべて入れて混ぜる。

レトルト食品で

大豆カレー和え&ゆかり和え

**大豆はドイツで「畑の肉」、アメリカでは「大地の黄金」
良質のタンパク質が世界で人気の食材**

【材料・2人分】
大豆 ドライパック……1袋
カレー粉……小さじ1＋塩少々
または、ゆかり……小さじ1弱

【作り方】
❶ポリ袋に材料をすべて入れて混ぜる。

大豆のイソフラボンで
更年期障害の予防・改善に

ひと手間アレンジ

Daily

カレー豆ごはん&ゆかり豆ごはん

揚げ焼きで大豆がカラッと、ほくほくに

【プラス材料】 ごはん、サラダ油、青のり

【作り方】 ❶フライパンにサラダ油を熱し、大豆のカレー和え（ゆかり和え）を揚げ焼きにし、ごはんに混ぜる。ゆかり豆ごはんには、青のりをかける。

乾物は保存のきく、栄養価の高いおすすめ食品

タンパク質やミネラル補給に最適

乾物は常温で保存ができるので、備蓄食材として最適です。

栄養面でも天日で乾かすことで、殺菌・消毒効果が高まり、香りやうま味が増すものもある優れた食材です。また、ビタミン、カルシウム、鉄といったミネラルや、食物繊維などの栄養素が濃縮され、栄養価も高くなることが知られています。

太陽の恵みが詰まった乾物を積極的に摂りましょう。この項では、水を使わずに戻すアイデアレシピをご紹介します。

栄養価

切り干し大根

うま味成分のグルタミン酸やカルシウム、カリウム、ビタミンB_1・B_2、鉄分、食物繊維も豊富。生活習慣病を予防する栄養素がたくさん含まれているので、積極的に摂りたい食材です。

わかめ

血液をサラサラにする効果があるといわれるアルギン酸（ぬめりの成分）などの食物繊維や、体の調子を整えるビタミン、ミネラルなど体に良い成分がわかめには豊富に含まれています。

とろろ昆布

昆布のぬめり成分・アルギン酸やフコイダンには、脂肪の吸収を抑える働きがあります。さらに高血圧の予防、便秘解消、動脈硬化の予防も期待できます。

お麩

小麦粉のタンパク質を練って作られているのが、お麩です。高タンパク、低カロリーなので肉の代用食にもなります。

ツナと切り干し大根のマヨ和え

缶詰+乾物で

ツナの缶汁で切り干し大根が戻せる
定番ツナマヨに、切り干しのシャキシャキ感が美味

しょうがのほんのり辛味がアクセントに

【材料・2人分】
ツナ缶……1缶
切り干し大根……30g
マヨネーズ……大さじ1
おろししょうが（チューブ入りでも）、白ごま……少々
青のり（お好みで）……少々

【作り方】
❶ポリ袋にツナを缶汁ごと、そのほかの材料もすべて入れて混ぜる。

ひと手間アレンジ

Daily

ツナと切り干し大根の棒春巻き

棒状だから食べやすい。青じそが味のアクセント

【プラス材料】 春巻きの皮、青じそ、サラダ油
【作り方】 ❶春巻きの皮に青じそ、ツナと切り干し大根のマヨ和えをのせて、左右の皮を折り込んでクルクルと巻き、巻き終わりに水をぬってとめる。
❷フライパンにサラダ油を熱し、①を揚げ焼きにする。

春巻きの皮を対角線状に半分にカットして巻くと、細長い棒状になる。

イタリアン切り干し大根

缶詰+
乾物で

和の食材を、サラダ感覚のイタリアンに
低脂肪・ビタミン豊富な鶏のささみには、美肌効果が

ビタミンAの吸収を高める
オリーブ油をプラス

ひと手間
アレンジ

Daily

ロールキャベツ

野菜がたっぷり摂れるヘルシーおかず

【プラス材料】 キャベツ、水、コンソメ、塩、こしょう

【作り方】 ❶ゆでるか、電子レンジでやわらかくしたキャベツに、イタリアン切り干し大根をのせて、左右を折り込みクルクル巻く。

❷小さい鍋に①を並べ、ひたひたの水とコンソメを入れて火にかける。塩、こしょうで味を調える。

【材料・2人分】
切り干し大根……30g
鶏ささみ缶……1缶
トマトジュース……100mℓ（1/2カップ）
おろしにんにく（チューブ入りでも）……少々
オリーブ油……少々

【作り方】
❶ポリ袋に鶏のささみを缶汁ごと、そのほかの材料もすべて入れて混ぜる。

POINT
切り干し大根など、少し固いものをしっかり噛んで食べる咀嚼（そしゃく）運動により、血流がよくなり脳が活性化されます。

切り干し大根のりんごジュース梅和え

乾物で

りんごジュースの甘味と梅の酸っぱさが絶妙
お箸が止まらないおいしさ

梅のリンゴ酸で消臭・雑菌
口臭予防に

ひと手間
アレンジ

Daily

しそ巻き切り干し

鉄分豊富な青じそをプラスして貧血予防

【プラス材料】 青じそ
【作り方】 ❶青じそで切り干し大根のりんごジュース梅和えをはさむ。

【材料・2人分】
切り干し大根……30g
りんごジュース……100mℓ（1/2カップ）
練り梅……小さじ1

【作り方】
❶ポリ袋に材料をすべて入れて混ぜる。

さばとわかめのごま和え

缶詰+
乾物で

さばのEPAとDHAが、血液をサラサラにして動脈硬化を防ぐ
食物繊維、カルシウム、マグネシウムなどなど、わかめは栄養の宝庫

ひと手間
アレンジ

Daily

さばわかめ餃子

そのまま食べられる具材で、焼き時間短縮

【プラス材料】 餃子の皮、サラダ油、水
【作り方】 ❶餃子の皮の中央に、さばとわかめのごま和えをのせ、皮の周囲に水をつけて端からつまむようにしてひだを寄せて包む。
❷フライパンにサラダ油を熱し、①を2分ほど焼いて焼き色がついたら、水を少々入れて蓋をし、弱火で3分蒸し焼きにする。蓋を取って強火にし、水分をとばして皮がパリっとするまで焼く。

【材料・2人分】
さば味付け缶……1缶
カットわかめ……大さじ1
白ごま……大さじ1
ごま油……少々

【作り方】
❶ポリ袋にさば味付けを缶汁ごと、そのほかの材料もすべて入れて混ぜる。
＊さば缶以外の魚缶でもおいしく作れますが、缶汁を使ってわかめを戻すので、煮魚系がおすすめです。

ホタテのとろろ昆布和え

缶詰＋
乾物で

ホタテのタウリンで肝機能強化、高血圧改善
磯の香りが食欲をそそる一品

のりのパントテン酸で
免疫力アップ、風邪予防

ひと手間
アレンジ

Daily

磯の香冷奴

栄養たっぷりトッピングで、
冷奴を濃厚味に

【プラス材料】 豆腐、きゅうり
【作り方】 ❶水気をきった豆腐に、きゅうりの千切りとホタテのとろろ昆布和えをのせる。

【材料・2人分】
ホタテ缶……1缶
とろろ昆布……3g
青のり……大さじ1

【作り方】
❶とろろ昆布をほぐしてポリ袋に入れ、ホタテを缶汁ごと、青のりも加えて混ぜる。
＊ホタテ缶の汁は、うま味がたっぷり入っているので、捨てずに入れてください。

POINT
海藻に含まれるヌルヌル成分のフコイダン。抗がん作用、血糖値の低下、肝障害の改善、ピロリ菌の抑制などに効果のある優れた成分です。

汁物

缶ジュースで

ガスパチョ

すぐれた抗酸化作用をもつトマトのリコピン
オリーブオイルによって体内へのリコピンの吸収率が、大幅アップ

少しのにんにくで食欲増進
ビタミンB_1で疲労回復

健康食の基本は「一汁一菜」。汁の水分で、満腹感も得られます。

Daily

ひと手間アレンジ

具だくさんガスパチョ

野菜やバケットを加えて食べるスープに

【プラス材料】 きゅうり、赤パプリカ、黄パプリカ、バケット

【作り方】 ❶野菜を粗みじんに、バケットは一口大に切り、ガスパチョに加える。

【材料・2人分】

トマトジュース（塩入りタイプ）
……1本（190ml）
おろしにんにく（チューブ入りでも）……少々
オリーブ油……少々
クラッカー（お好みで）……少々

【作り方】

❶器に材料をすべて入れて混ぜる。

POINT

ガスパチョは、スペイン料理の冷製野菜スープ。生のトマトよりもジュースのほうが、リコピンの吸収率が高いことが研究結果で報告されています。

さんまの冷や汁

缶詰で

**さんまのEPAが胃腸の働きを高める
食欲がないときでも、さっぱりと食べやすい**

ごまの風味がアクセント
カルシウム補給に最適

【材料・2人分】
さんま味付き缶……1缶
水……100ml（1/2カップ）
白すりごま……大さじ1

【作り方】
❶ポリ袋にさんまを缶汁ごと、そのほかの材料もすべて入れてよく混ぜる。

ひと手間
アレンジ

Daily

さんまの冷や汁そうめん

野菜をプラスして、おかずいらずの一品に

【プラス材料】 そうめん、きゅうり、みょうが、青じそ
【作り方】 ❶そうめんをゆでて水けを切り、冷や汁の中に入れて、千切りにしたきゅうり、みょうが、青じそをのせる。

POINT

「冷や汁」は宮崎、山形、埼玉でも郷土料理として親しまれています。具材や作り方に違いがありますが、魚缶で簡単に作れるのでおすすめです。

レトルト食品+缶詰で

ミックスビーンズのあんこ玉

**ストレス解消には、「心の栄養」甘いものを食べることも必要！
たっぷりの豆をあずき煮でつないでいるから、甘さひかえめ。**

【材料・2人分】

ミックスビーンズ ドライパック……1袋
あずき煮缶
……ミックスビーンズと同じ分量
きな粉……適量

【作り方】

❶ポリ袋にミックスビーンズ、あずき煮を入れて潰しながらしっかり混ぜる。
❷スプーンで丸めてから、きなこをまぶす。

甘いものは、心をほっこりさせます。ストレス解消にお役立ち。

あずきのサポニンで
むくみ解消

Daily

ひと手間アレンジ

どら焼き

しっとり食感の生地が食べやすい

【プラス材料】 ホットケーキミックス100g、卵1個、牛乳50ml（1/4カップ）、サラダ油

【作り方】 ❶ホットケーキミックス、卵、牛乳を混ぜ合わせ、弱火で熱したフライパンにサラダ油を薄くひき、生地を直径6～7センチくらいになるように丸く流し入れ、弱火のまま焼く。表面にぽつぽつ穴があいてきたら裏返してきつね色に焼く。これを8枚作る。
❷焼けた皮にミックスビーンズのあんこ玉をサンドする。

生地の表面に穴があいてくる。

大豆あんみつ

糖質の少ない大豆を加えてヘルシーに

【材料・２人分】
大豆 ドライパック……1袋
あずき煮（チューブ入り）……適量
お好きなフルーツ缶……適量

【作り方】
❶器に大豆、あずき煮、フルーツを盛り付け、缶詰の汁を少々かける。

POINT
あずきに含まれるポリフェノールは、赤ワインの２倍といわれ、がんや動脈硬化などの生活習慣病予防、肌の老化防止に効果を発揮します。

お麩チョコ

火を通さないで食べるお麩。新食感が味わえる

【材料・２人分】
お麩……10個
ココア……大さじ２
砂糖（お好みで）………大さじ１
水……大さじ２

【作り方】
❶ポリ袋にお麩と水を入れ水気を含ませておき、その中にココア、砂糖を入れてシャカシャカふって混ぜる。

POINT
麩の主な栄養素は植物性タンパク質。肉のタンパク質に比べてローカロリーで、脂肪が少なく消化がよいので、高齢者や幼児にもおすすめです。

Step 2
省エネレシピ

温かいものを食べると、
心も体もほっこりします。
最小限の熱源で調理できて、
温かいものが食べられる
ポリ袋調理をご紹介。

4日目～7日目まで
に最適レシピ

手早く作れる光熱費節約クッキング

――カセットコンロと鍋、ポリ袋で作る温か料理

災害時において、電気・水道・ガスの中でも、比較的復旧が早いといわれているのが電気ですが、災害の種類や規模、地域によっては1週間以上かかるところもあるようです。水道・ガスの復旧作業は、さらに日数を要することを覚悟しなければなりません。

ここでは、カセットコンロと鍋、ポリ袋（高密度ポリエチレン製のもの）を使い、必要最小限の水で調理できる「省エネレシピ」をご紹介します。ポリ袋に材料と調味料を入れて、水を張った鍋で加熱するだけ。洗いものも減らせるので、面倒な後片付けもラク。

ご家庭で比較的常備されている野菜は、ピーラーを使ってカットするので、ここでも、包丁やまな板を使いません。この簡単・便利さを日常でも活用してみてください。

●4日〜7日目までに、おすすめレシピ
最小限の道具でできる省エネ・節約クッキング

◆使用食材＝缶詰・レトルト食品・びん詰・乾物・野菜・卵・米・水・スープの素

◆使用調味料＝マヨネーズ・レモン汁・ごま・ポン酢・めんつゆ・だしの素・味噌・チューブ入り調味料
◆調理器具＝カセットコンロ・鍋・ポリ袋・ピーラー・ハサミ・菜箸

ポリ袋調理のおすすめポイント

❶鍋が汚れないので、後片付けがラク。
❷温かいものが食べられる。
❸袋ごとに分けられるので、鍋1つで味の違う複数の料理を同時に作ることができる。例えばごはんとおかずなど。
❹鍋のお湯が汚れないので、使い回せる。

ポリ袋調理の動画は、清流出版のホームページで見ることができます。
http://www.seiryupub.co.jp/

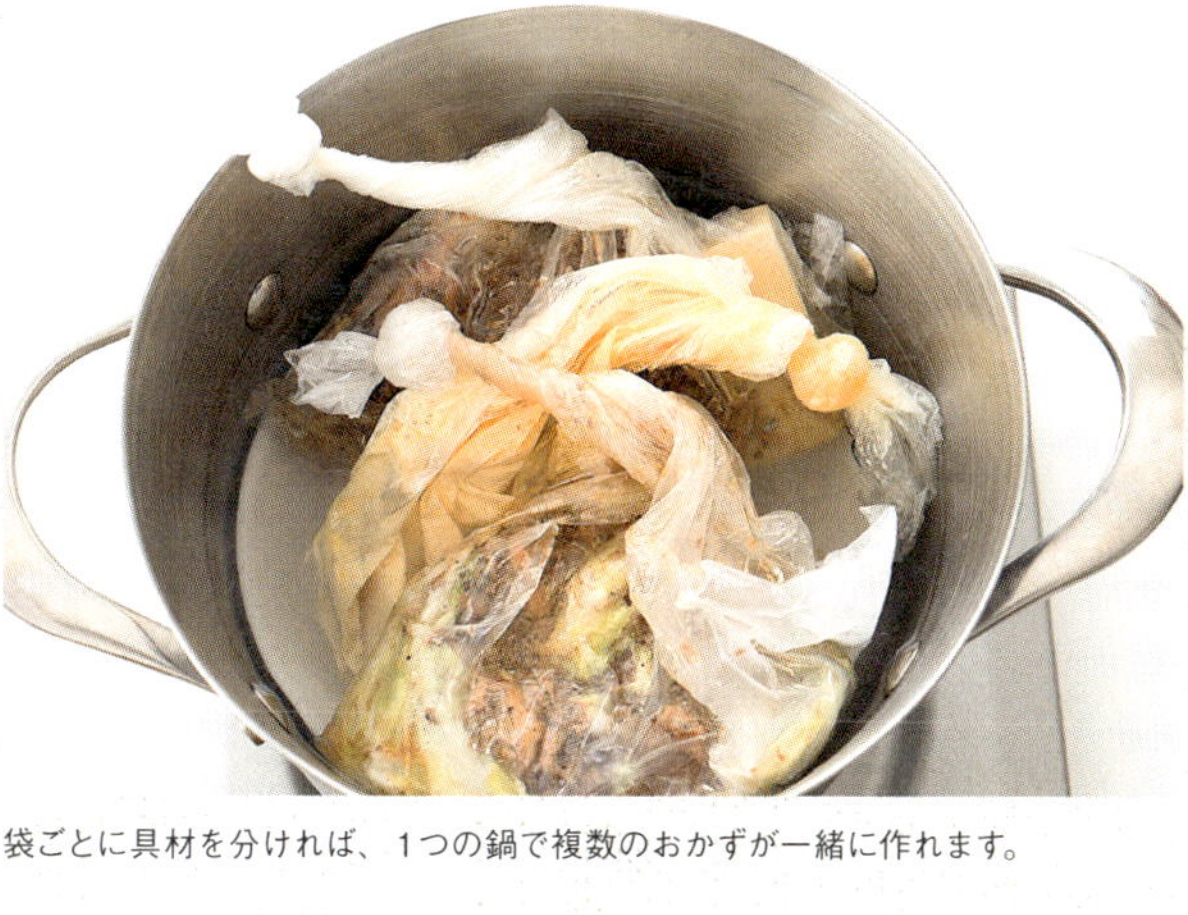

袋ごとに具材を分ければ、1つの鍋で複数のおかずが一緒に作れます。

ピーラーで切って、混ぜるだけ 包丁、まな板いらず！

野菜を摂りたい。ピーラーを使って空中調理

水をなるべく使いたくない状況のときは、洗いものを出したくありません。包丁を使うと、まな板が必要になりますが、そんなときに活躍してくれるのが、ピーラーです。

丈夫な体づくりに欠かせない野菜は、意識して摂りましょう。

常備していることが多い大根と人参を使ったレシピをご紹介します。

ポリ袋をボウルにセット。

好みの長さに野菜をカット。薄くカットすると、生野菜が食べやすくなる。

ホタテと大根のサラダ

野菜+缶詰で

ホタテのタウリンとビタミンB_2が目の疲れや肩こりを予防

薄切り大根だからホタテの
うま味がよくしみる

【材料・2人分】
大根……3センチ（100g ～ 150g）
ホタテ缶……1缶
3倍濃縮めんつゆ……大さじ1
マヨネーズ……大さじ1
白いりごま……大さじ1

【作り方】
❶ポリ袋にピーラーで切った大根を入れて水気をしぼり、その中に缶汁をきったホタテと、そのほかの材料をすべて入れてよく混ぜる。

野菜+
びん詰で

大根の海苔佃煮和え

熱に弱いアミラーゼ。大根は生で食べるのがベター
海苔の佃煮と合わせて鉄分補給

大根のアミラーゼで
胃腸を元気に

ひと手間
アレンジ

Daily

冷やし
海苔佃煮大根そば

具だくさんだから、これ一杯で満腹に

【プラス材料】 そば、つゆ、刻み海苔、錦糸卵
【作り方】 ❶ゆでて水気を切ったそばにつゆをかけ、大根の海苔佃煮和え、刻み海苔と錦糸卵をのせる。わさびをのせる。

【材料・2人分】
大根……3センチ(100g ~ 150g)
海苔佃煮……大さじ1
ごま油……少々
白いりごま……大さじ1
わさび(お好みで)……少々

【作り方】
❶ポリ袋にピーラーで切った大根を入れて水気をしぼり、その中に海苔佃煮を入れてよく混ぜる。さらにごま油と白いりごまを加えて混ぜる。

POINT
大根の辛味成分には、血栓を防いだり解毒作用などが期待できます。時間が経つと、においが強調されるので、作ったら早く食べましょう。

野菜＋
乾物で

いか人参

おつまみの定番・さきいかが、おかずに変身
人参との意外なマッチングが絶妙な味

ひと手間
アレンジ

Daily

いか人参おやき

つなぎの小麦粉でもちもちおやきに

【プラス材料】 薄力粉50g、わけぎ（小口切り）少々、水50ml、ごま油
【作り方】 ❶いか人参に薄力粉、小口切りのわけぎ、水を入れて混ぜ、ごま油を熱したフライパンで焼き色がつくまで焼く。

【材料・2人分】
人参……小1本（100ｇ）
さきいか……小1袋（30ｇ）
ポン酢……大さじ1
黒ごま……大さじ1

【作り方】
❶人参をピーラーでカットし、ポリ袋に材料をすべて入れてよく混ぜ、2～3時間おいて味をなじませる。

POINT
いか人参は福島県北部の郷土料理で、するめと人参を細切りにして味つけします。おつまみやおかずとして親しまれています。

野菜+缶詰で

ツナと人参のごま和え

β－カロテンを多く含む美肌野菜をたっぷり食べたい
黒ゴマの風味がきいた和風おかず

DHA、EPAを含むツナは
優れたタンパク質源

【材料・2人分】
人参……小1本（100ｇ）
ツナ缶……1缶
3倍濃縮めんつゆ……小さじ1
砂糖……小さじ1
黒すりごま……大さじ1

【作り方】
❶人参をピーラーでカットし、ポリ袋にツナを缶汁ごと、そのほかの材料もすべて入れてよく混ぜ、2～3時間おいて味をなじませる。

ひと手間アレンジ

Daily

冷やし卵のせうどん

半熟卵がうどんと具材にからんで美味

【プラス材料】 うどん、つゆ、温泉卵
【作り方】 ❶ゆでて水気をきったうどんにつゆをかけ、ツナと人参のごま和えをのせ、真ん中をへこませ温泉卵を割り入れる。

ポリ袋調理――ポリ袋1枚で作れる温かレシピ！

ポリ袋に具材を入れて、中の空気をしっかり抜いて鍋に投入！　ちょっとしたコツと注意点に気をつければ、鍋も水も汚れずに、後片づけもラク。用意するのは、高密度ポリエチレン製のポリ袋、鍋、皿、カセットコンロだけ。

こんなに便利なポリ袋調理を日常でも、どんどん試してみてください。

※作り方の手順は、「さんまとキャベツの煮物（70ページ）」レシピを使っています。

①

ポリ袋に材料と調味料などを入れる。

②

味がなじむように、具材を混ぜ合わせる。

ポリ袋調理の注意点

- 高密度ポリエチレン製のポリ袋を使用しないと、熱で袋が溶ける場合がある。
- 食材は厚さが均等になるように平らに入れる。
- 調味料は最小量の薄味にして、食べるときに調整する。
- 加熱すると袋が膨張するので、袋の口部分をしっかりとかたく結ぶ（左ページの手順❹を参照）。
- みりんやアルコール（酒・ワインなど）を入れると揮発し、袋が膨張して破裂することがある。
- 火傷の危険があるので、ポリ袋を鍋に入れてから火をつける。

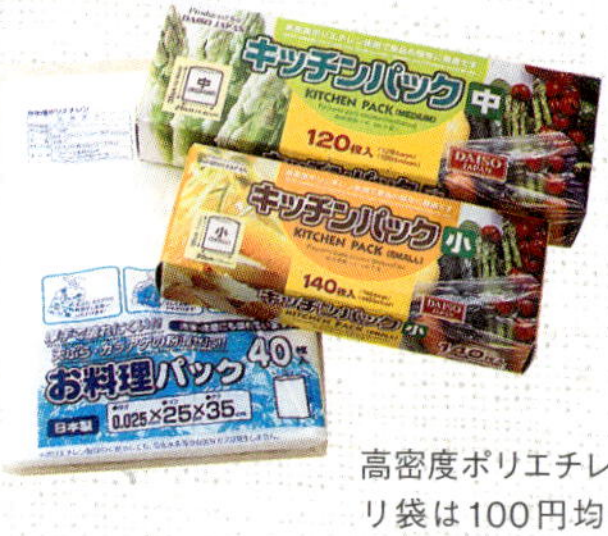

高密度ポリエチレン製のポリ袋は100円均一ショップなどでも入手できます。

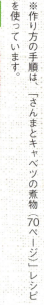

ポリ袋調理の手順

3

水の中でポリ袋の中の空気を抜く。真空調理法を応用しているので短時間で食材を加熱できる。

4

ポリ袋に空気が入らないようにねじり上げ、袋の口をかたく結ぶ。

5

水を張った鍋に皿を入れて、鍋底に直接ポリ袋がつかないようにする。直接入れると、鍋の熱でポリ袋が破れる場合がある。

6

鍋にポリ袋を入れてから、火をつける。

7

ポリ袋の口が鍋の外に出ないように気をつる。蓋をしてゆであがるのを待つ。

8

ゆで終えたら、トングや菜箸などですくいあげる。

9

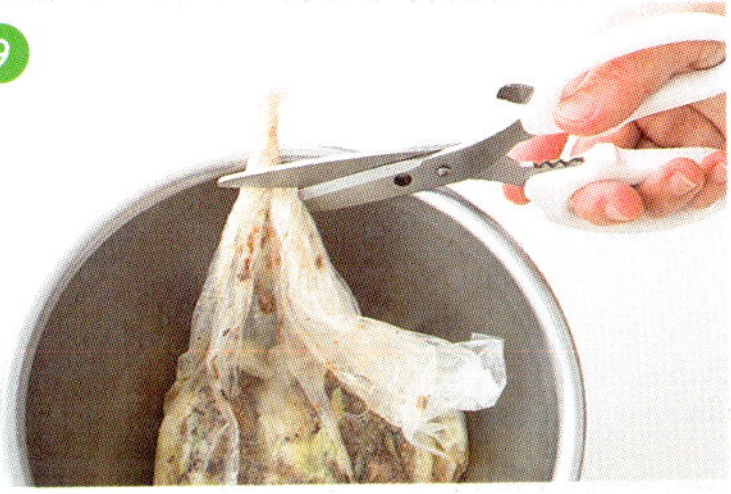

結び目がかたくなっているので、ハサミで結び目の下を切る。

10

器に移し替えるか、もしくは洗いものをしなくてすむように器にかぶせる。

ごはん&おかゆもポリ袋で作れる

ごはん一膳分から全がゆ、七分がゆ、五分がゆ、三分がゆまで、浸水時間と加熱時間は同じ。米と水の量を変えるだけ！

ごはん【材料・1膳分】
米（無洗米）……80g（1/2カップ）
水……100ml（1/2カップ）

全がゆ　米1:水5

米（無洗米）……40g（1/4カップ）
水……200ml（1カップ）

七分がゆ　米1:水7

米（無洗米）……30g（1/5カップ）
水……200ml（1カップ）

五分がゆ　米1:水10

米（無洗米）……20g（1/8カップ）
水……200ml（1カップ）

三分がゆ　米1:水20

米（無洗米）……10g（大さじ1弱）
水……200ml（1カップ）

無洗米について——

お米を研ぐ必要のない無洗米は、水の節約はもちろんのこと、環境にもやさしい便利なお米です。手間や時間が省け、冬場の冷たい水でお米を洗う辛さからも解放されるうれしい利点があります。

作り方

1

高密度ポリエチレン製のポリ袋に米と水を入れる。

2

①を水の中に沈めて、ポリ袋の中の空気を抜く。ポリ袋の中に空気が入らないようにねじり上げ、袋の口をかたく結ぶ。

3

鍋底に皿を敷く。

4

鍋の容量に対して1/3の水を入れる。

5

皿の上に、ポリ袋に入れた米を入れる。

＊米は30分間置き浸水させると（浸水するときは鍋の中に入れる必要はありません）、よりおいしく炊きあがります。炊きあがりにムラがないように、一膳もしくは二膳分ずつポリ袋に入れて加熱しましょう。

6

鍋に蓋をして加熱し、水が沸騰したら中火にし、沸騰後約20分間加熱。火を止めて蓋をしたまま10分間蒸らす。

注意ポイント 沸騰した湯の中にポリ袋を入れると、湯がはねて火傷をする場合があるので、ポリ袋を入れてから火をつけることをおすすめします。

主食

ポリ袋の中に、無洗米と具材を一緒に入れて鍋に投入。
おいしいアレンジごはんのできあがり

焼き鳥ひじきごはん

素朴な味のひじきに、しっかり味の焼き鳥がマッチ
ほんのりしょうがが香る和風炊き込みごはん

鶏とひじき、ダブルの
鉄分で貧血予防

【材料・2人分】

米(無洗米) ……160g (1カップ)
水……200ml (1カップ)
焼き鳥缶……1缶
ひじき ドライパック……1袋
3倍濃縮めんつゆ……小さじ1
おろししょうが(チューブ入りでも)
…………小さじ1

【作り方】

❶ポリ袋に、焼き鳥を缶汁ごと、そのほかの材料もすべて入れる。ポリ袋を水の中に沈めて、中の空気を抜く。ポリ袋の中に空気が入らないようにねじり上げ、袋の口をかたく結ぶ。
❷①を30分間そのまま置き浸水させてから、水を張って皿を敷いた鍋に入れる。
❸鍋に蓋をして火をつけ、沸騰したら中火にし、そのまま約20分間加熱する。火を止めて蓋をしたまま10分間蒸らす。

＊米は30分間置き浸水させると、よりおいしく炊きあがるので、62～65ページでご紹介するごはんレシピ4品は、浸水することをおすすめします。鍋の中に入れて浸水をさせる必要はありません。

主食

豆いかトマトごはん

**トマトジュースといかのうま味が、ごはんにしっかりしみこむ
ほくほく豆と、やわらかいいかが食べやすい、洋風炊き込みごはん**

血圧やコレステロール値を下げる、タウリン豊富ないか

【材料・2人分】

米(無洗米)……160g(1カップ)
トマトジュース……200ml(1カップ)
ミックスビーンズ ドライパック……1袋
いか味付き缶……1缶

＊トマトジュース缶の容量が190mlの場合は、200mlになるように水を足してください。

【作り方】

❶ポリ袋に、いかを缶汁ごと、そのほかの材料もすべて入れる。ポリ袋を水の中に沈めて、中の空気を抜く。ポリ袋の中に空気が入らないようにねじり上げ、袋の口をかたく結ぶ。

❷①を30分間そのまま置き浸水させてから、水を張って皿を敷いた鍋に入れる。

❸鍋に蓋をして火をつけ、沸騰したら中火にし、そのまま約20分間加熱する。火を止めて蓋をしたまま10分間蒸らす。

POINT

お米をトマトジュースで炊くと、トマトのビタミン、ミネラル、食物繊維などの栄養素をすべて一緒に摂ることができます。

さけコーンライス

主食

コーンポタージュスープでまろやか味のごはんに
コーンとさけの彩りが食欲を誘う

さけのアスタキサンチンが
活性酸素を除去

【材料・2人分】

米（無洗米）……160g（1カップ）
水……200ml（1カップ）
さけ缶……1缶
スイートコーン ドライパック……1袋
コーンポタージュスープ……1袋
黒こしょう（お好みで）……少々

【作り方】

❶ポリ袋に、さけを缶汁ごと、そのほかの材料もすべて入れる。ポリ袋を水の中に沈めて、中の空気を抜く。ポリ袋の中に空気が入らないようにねじり上げ、袋の口をかたく結ぶ。
❷①を30分間そのまま置き浸水させてから、水を張って皿を敷いた鍋に入れる。
❸鍋に蓋をして火をつけ、沸騰したら中火にし、そのまま約20分間加熱する。火を止めて蓋をしたまま10分間蒸らす。

POINT

こしょうの辛味成分・ピペリンは抗菌作用や抗酸化、血行促進作用があります。味のアクセントとしてもおすすめです。

主食

なめたけさけごはん

ごはんのお供、なめたけだけで味がピタリと決まる
しっとりさけフレークと絶妙の組み合わせ

なめたけは、便利な
万能調味料

【材料・2人分】
米(無洗米)……160g(1カップ)
水……200ml(1カップ)
さけフレーク……大さじ2
なめたけ……大さじ2
きざみのり(お好みで)……少々

【作り方】
❶ポリ袋に材料をすべて入れる。ポリ袋を水の中に沈めて、中の空気を抜く。ポリ袋の中に空気が入らないようにねじり上げ、袋の口をかたく結ぶ。
❷①を30分間そのまま置き浸水させてから、水を張って皿を敷いた鍋に入れる。
❸鍋に蓋をして火をつけ、沸騰したら中火にし、そのまま約20分間加熱する。火を止めて蓋をしたまま10分間蒸らす。

主食

お雑煮

腹持ちのいいお餅も、ポリ袋調理でやわらかく
野菜をたっぷり加えてビタミン補給

【材料・1人分】

切り餅……2個
人参……15g
大根……30g
水……150ml（3/4カップ）
粉末のお吸い物の素、わかめスープの素、お茶漬けの素など……1袋

【作り方】

❶ポリ袋に、ピーラーで切った野菜と、そのほかの材料もすべて入れる。ポリ袋を水の中に沈めて、中の空気を抜く。ポリ袋の中に空気が入らないようにねじり上げ、袋の口をかたく結ぶ。

❷水を張って皿を敷いた鍋に、①を入れて蓋をして火をつける。沸騰したら中火にし、約5分間加熱する。火を止めて蓋をしたまま5分間、餅がやわらかくなるまで余熱で火を通す。

POINT

1個50gの切り餅は約118kcal。餅2個で、ごはん一膳分と同じくらいです。野菜をたっぷり入れたお雑煮は、体が温まるうれしい主食。

主食

カレー餅

みんな大好きカレーと、お餅の相性も抜群
ごはんを炊く必要がない便利な主食に

家庭料理の定番
心もほっと和む

【材料・1人分】

切り餅……2個
レトルトカレー……1袋
グリーンピース缶……1缶

＊グリーンピースは、缶の水気を切る。

【作り方】

❶ポリ袋に材料をすべて入れる。ポリ袋を水の中に沈めて、中の空気を抜く。ポリ袋の中に空気が入らないようにねじり上げ、袋の口をかたく結ぶ。

❷水を張って皿を敷いた鍋に、①を入れて蓋をして火をつける。沸騰したら中火にし、約5分間加熱する。火を止めて蓋をしたまま5分間、餅がやわらかくなるまで余熱で火を通す。

お餅1個、または2個を個包装しているものが市販されています。個包装の1つ1つに賞味期限が印字されて、脱酸素剤も入っているので、保存食としても便利です。

オレンジパンケーキ

主食

オレンジジュースとマーマレードの酸味で食欲が増す
ホットケーキミックスで失敗なしの味

【材料・2人分】

ホットケーキミックス……50g
オレンジジュース……50ml（1/4カップ）
マーマレード……大さじ1
レモン汁……小さじ1

＊オレンジジュースの酸味が苦手な方は、水50mlに替えてもおいしくできあがります。

【作り方】

❶ポリ袋に材料をすべて入れる。ポリ袋を水の中に沈めて、中の空気を抜く。ポリ袋の中に空気が入らないようにねじり上げ、袋の口をかたく結ぶ。

❷水を張って皿を敷いた鍋に、①を入れて蓋をして火をつける。沸騰したら中火にし、約10分間加熱する。火を止めて蓋をしたまま10分間、余熱で火を通す。

POINT

ホットケーキミックスは、小麦粉、砂糖、膨張剤などが含まれているので、材料の調合が不要。お菓子、パン作りにも活用できる便利な粉です。

主食

コーンパンケーキ

甘くてしゃきしゃき、コーンをたっぷり入れて
もっちり食感が後引くおいしさ

子どもが大好き
朝食にも、おやつにも

【材料・2人分】
ホットケーキミックス……50g
スイートコーン ドライパック……1袋
水……50ml（1/4カップ）

【作り方】
❶ポリ袋に材料をすべて入れる。ポリ袋を水の中に沈めて、中の空気を抜く。ポリ袋の中に空気が入らないようにねじり上げ、袋の口をかたく結ぶ。
❷水を張って皿を敷いた鍋に、①を入れて蓋をして火をつける。沸騰したら中火にし、約10分間加熱する。火を止めて蓋をしたまま10分間、余熱で火を通す。

ポリ袋に入れた材料は、できあがりが棒状になるように成形する。

主菜

さんまとキャベツの煮物

キャベツのビタミンCで、肌あれ改善、免疫力アップ
ちょい足しのしょうがが、味の引き締め役

災害時でもおいしいおかずで、ごはんを食べたい。
温かい食事で気持ちもほっこり

【材料・2人分】

さんま蒲焼缶……1缶
キャベツ……100g（2～3枚）
おろししょうが（チューブ入りでも）……適量
＊魚缶はお好みのものを使ってください。

【作り方】

❶ポリ袋に、さんま蒲焼きを缶汁ごと、手でちぎったキャベツと、おろししょうがを入れる。ポリ袋を水の中に沈めて、中の空気を抜く。ポリ袋の中に空気が入らないようにねじり上げ、袋の口をかたく結ぶ。

❷水を張って皿を敷いた鍋に、①を入れて蓋をして火をつける。沸騰したら中火にし、約5分間加熱する。火を止めて蓋をしたまま10分間、余熱で火を通す。

キャベツは手でちぎれます。断面がふぞろいになるので味がしみこみやすく、食べたときの口当たりもよくなります。

親子煮

主菜

卵料理もポリ袋調理におまかせ
焼き鳥缶を使えば味付けいらず

卵のアミノ酸で
免疫力アップ

【材料・1人分】
焼き鳥缶……1缶
卵……1個

親子丼にアレンジ
紅しょうがをトッピング。

【作り方】
❶ポリ袋に材料をすべて入れる。ポリ袋を水の中に沈めて、中の空気を抜く。ポリ袋の中に空気が入らないようにねじり上げ、袋の口をかたく結ぶ。
❷水を張って皿を敷いた鍋に、①を入れて蓋をして火をつける。沸騰したら中火にし、約5分間加熱する。火を止めて蓋をしたまま10分間、余熱で火を通す。

POINT
完全栄養食といわれる卵。加熱すると熱に弱いビタミンB群が減少しますが、そのほかの栄養価はほとんど変わらない優秀食材です。

マーボー高野豆腐

主菜

高野豆腐を使えば、麻婆豆腐の素がしっかりしみこむ
一口サイズだから、使い勝手がいい

高野豆腐は、タンパク質、カルシウムがたっぷり

【材料・3人分】
高野豆腐……小18個（53g）
水……150ml（3/4カップ）
麻婆豆腐の素
　　……レトルトパック1袋（3人分用）

【作り方】
❶ポリ袋に材料をすべて入れる。ポリ袋を水の中に沈めて、中の空気を抜く。ポリ袋の中に空気が入らないようにねじり上げ、袋の口をかたく結ぶ。
❷水を張って皿を敷いた鍋に、①を入れて蓋をして火をつける。沸騰したら中火にし、約5分間加熱する。火を止めて蓋をしたまま10分間、余熱で火を通す。

＊麻婆豆腐の素は、1袋で3人分以上の量が入っているものもあります。その場合はできあがりの味が濃くなるので、高野豆腐や水を少し足したりして調整してください。
＊とろみが別添えになっているものもあるので、一緒にポリ袋に入れてください。

マーボー麺にアレンジ
ゆでて水気をきった中華麺にごま油をかけてひと混ぜして、
マーボー高野豆腐をかけ、小口切りの青ネギを散らす。

主菜

高野豆腐とさんまの煮物

**さんまの煮汁がたっぷりしみこんで、口あたりなめらか
食べごたえがあって、腹持ちがいい**

さんまのDHAで
脳細胞を活性化

【材料・2人分】

高野豆腐……大2個(18g×2)
さんま味付き缶……1缶
水……100ml(1/2カップ)
かつお節小袋……1袋(3g)

【作り方】

❶ポリ袋に、さんまを缶汁ごと、そのほかの材料もすべて入れる。ポリ袋を水の中に沈めて、中の空気を抜く。ポリ袋の中に空気が入らないようにねじり上げ、袋の口をかたく結ぶ。
❷水を張って皿を敷いた鍋に、①を入れて蓋をして火をつける。沸騰したら中火にし、約5分間加熱する。火を止めて蓋をしたまま10分間、余熱で火を通す。

POINT

さんまのビタミンDは、高野豆腐に含まれるカルシウムや鉄の吸収力を高めます。一緒に食べることで栄養効果がさらにアップ。

ピラピラ野菜のみそ汁

ピーラーでカットした野菜をたっぷり入れてビタミン補給

【材料・1人分】
大根……30g
人参……15g
水……150ml（3/4カップ）
だしの素……小さじ1/2
味噌……小さじ1

【作り方】
❶ポリ袋にピーラーで切った野菜と、そのほかの材料もすべて入れる。ポリ袋を水の中に沈めて、中の空気を抜く。ポリ袋の中に空気が入らないようにねじり上げ、袋の口をかたく結ぶ。
❷水を張って皿を敷いた鍋に、①を入れて蓋をして火をつける。沸騰したら中火にし、約3分間加熱する。

クリームコーンスープ

コーンをたっぷり入れて。体が芯から温まる濃厚スープ

【材料・2人分】
コーンクリーム缶……小1缶
スイートコーン ドライパック……1袋
スープの素……小さじ1
水……150ml（3/4カップ）
塩、こしょう（お好みで）……少々

【作り方】
❶ポリ袋に材料をすべて入れる。ポリ袋を水の中に沈めて、中の空気を抜く。ポリ袋の中に空気が入らないようにねじり上げ、袋の口をかたく結ぶ。
❷水を張って皿を敷いた鍋に、①を入れて蓋をして火をつける。沸騰したら中火にし、約3分間加熱する。できあがったら塩、こしょうで味を調える。

デザート

ようかん＆フルーツかん

常温で固まるので、冷蔵庫いらず

甘いものは脳のエネルギー源

フルーツかん

【材料・４人分】
お好きなフルーツ缶
……１缶（缶汁を含め約200g）
砂糖……大さじ２
水……100 ml（1/2カップ）
粉寒天……１袋（４ｇ）

【作り方】
❶ポリ袋に材料をすべて入れる。ポリ袋を水の中に沈めて、中の空気を抜く。ポリ袋の中に空気が入らないようにねじり上げ、袋の口をかたく結ぶ。
❷水を張って皿を敷いた鍋に、①を入れて蓋をして火をつける。沸騰したら中火にし、約５分間加熱する。
❸②を取り出し、袋ごと型（四角い皿や箱など）に入れて、常温で２時間ほど置いて固める。

ようかん

【材料・４人分】
ゆであずき……１缶（約200g）
砂糖……大さじ２
水……100ml（1/2カップ）
粉寒天……１袋（４ｇ）

【作り方】
❶ポリ袋に材料をすべて入れる。ポリ袋を水の中に沈めて、中の空気を抜く。ポリ袋の中に空気が入らないようにねじり上げ、袋の口をかたく結ぶ。
❷水を張って皿を敷いた鍋に、①を入れて蓋をして火をつける。沸騰したら中火にし、約５分間加熱する。
❸②を取り出し、袋ごと型（四角い皿や箱など）に入れて、常温で２時間ほど置いて固める。

保温ジャークッキング

具材を入れるだけで調理ができる便利グッズ。
災害時に使わないのは、もったいない。
ポリ袋を使えば、洗いものいらず!

卵雑炊

疲れた胃腸にやさしい主食

【材料・1人分】

レトルトご飯……1/2パック
フリーズドライ卵スープ……1袋
沸騰したお湯……150ml（3/4カップ）

【作り方】

1 保温ジャーに高密度ポリエチレン製のポリ袋をセットする。

2 ポリ袋の中に材料をすべて入れる。

3 ポリ袋の上部をねじり込み、蓋をきっちりと閉めて10分おく。

4 食べやすいように、ポリ袋ごと器に移す。

鶏ささみ中華がゆ

鶏ささみ缶がスープにコクを出すシンプルおかゆ

【材料・1人分】
レトルトご飯……1/2パック
鶏ささみ缶……1缶
沸騰したお湯……150ml（3/4カップ）
塩、白いりごま、ごま油……適量

【作り方】
❶保温ジャーにポリ袋をセットし、鶏ささみを缶汁ごと、レトルトごはんとお湯を入れ、ポリ袋の上の部分をねじり込み、蓋を閉めて10分おく。できあがったらポリ袋ごと器に移し、白いりごま、ごま油をかけ、お好みで塩を加えて味を調える。

スープ餅

とろーり温か餅が絶品

【材料・1人分】
切り餅……1個
沸騰したお湯……150ml（3/4カップ）
わかめスープの素……1袋
白いりごま……適量

【作り方】
❶保温ジャーにポリ袋をセットし、その中に材料をすべて入れ、ポリ袋の上の部分をねじり込み、蓋を閉めて10分おく。できあがったらポリ袋ごと器に移し、白いりごまをかける。

Step 3
整食レシピ

体の元気が、心の元気に。
野菜をたっぷり、
お肉もバランスよく摂ってほしい。
体調を整える「整食」レシピをご紹介。

災害発生8日目〜
に最適レシピ

エネルギーチャージ・クッキング

――しっかり食べて栄養補給、元気が出るレシピ

災害時の被害状況にもよりますが、可能なかぎり栄養バランスを考えたいものです。栄養が十分であれば元気に活動ができ、前向きな思考にもなれることでしょう。

この栄養バランスで大きな問題となっているのが、現代人の野菜不足です。野菜不足による「現代型栄養失調」が深刻化している現状があるのですが、これはビタミン、ミネラル、食物繊維の不足によって発生します。

日常でも野菜不足になっているのに、災害時であれば、なおのことでしょう。普段から比較的日持ちのするいも類、人参、玉ねぎ、大根などを常備し、意識して摂ることをおすすめします。

ここでは省エネを踏まえつつ、ポリ袋調理とフライパン・クッキングで作るレシピをご紹介します。

●災害発生後8日目からに、おすすめのレシピ
野菜の食感を味わうために、包丁を使って薄切りに

◆使用食材＝缶詰・レトルト食品・乾物・野菜・餅・水

◆使用調味料＝ケチャップ・マヨネーズ・ウスターソース・スープの素・粉チーズ・チューブ入り調味料

◆調理器具＝ポリ袋・鍋・カセットコンロ・包丁・まな板・フライパン・クッキングシート・菜箸・ハサミ

野菜不足による諸症状

●ビタミン類不足＝肌あれ、疲労、倦怠感、口内炎など

●食物繊維不足＝便秘、下痢、肥満、糖尿病、動脈硬化など

●鉄分不足＝貧血、生理不順、頭痛、めまい、立ちくらみなど

●カルシウム不足＝骨粗しょう症、足がつる、高血圧、イライラなど

ポリ袋調理

さば味噌じゃが

野菜をたっぷり摂りたい
さば缶と薄切り野菜だから、火が通りやすい

【材料・3人分】

さば味噌煮缶……1缶
じゃがいも……中1個
玉ねぎ……中1/2個
人参……中1/2本
水……大さじ2
かつお節小袋……1袋(3g)

【作り方】

❶じゃがいも、玉ねぎ、人参は火が通りやすいように薄切りにする。ポリ袋に材料をすべて入れる。ポリ袋を水の中に沈めて、中の空気を抜く。ポリ袋の中に空気が入らないようにねじり上げ、袋の口をかたく結ぶ。

❷水を張って皿を敷いた鍋に、①を入れて蓋をして火をつける。沸騰したら中火にし、そのまま約20分間加熱する。火を止めて蓋をしたまま10分間、余熱で火を通す。

POINT

一般的にじゃがいもとさつまいもは常温で1か月、玉ねぎは吊るした状態であれば2か月、人参と大根は冷蔵庫で1週間、日持ちするといわれています。

具だくさんシチュー

ポリ袋調理

ホワイトソースにあさりを加えて、クラムチャウダーに変身
さつまいもの素朴な甘さでまろやかに

【材料・3人分】

あさり缶……1缶
さつまいも……中1/2本
大根……3cm
人参……中1/2本
水……100ml（1/2カップ）
ホワイトソース……レトルトパウチ1袋
スープの素……小さじ1/2
塩、こしょう（お好みで）……少々

【作り方】

❶さつまいも、大根、人参は火が通りやすいように薄切りにする。ポリ袋に材料をすべて入れる。ポリ袋を水の中に沈めて、中の空気を抜く。ポリ袋の中に空気が入らないようにねじり上げ、袋の口をかたく結ぶ。

❷水を張って皿を敷いた鍋に、①を入れて蓋をして火をつける。沸騰したら中火にし、そのまま約20分間加熱する。火を止めて蓋をしたまま10分間、余熱で火を通す。できあがったらお好みで塩、こしょうをして味を調える。

トマトコンビーフ煮込み

ポリ袋 調理

コンビーフのビタミンB_{12}と鉄分で貧血予防、虚弱体質改善
じゃがいもと人参をプラスしてボリュームアップ

【材料・3人分】

コンビーフ缶……1缶
じゃがいも……中1個
玉ねぎ……中1/2個
人参……中1/2本
トマトソース缶……1缶
塩、こしょう(お好みで)……少々

POINT

コンビーフは牛の塩漬け肉をフレークにして、牛脂で固めたもの。栄養成分は、牛肉と同様、高タンパク質で、鉄分と亜鉛が豊富です。

【作り方】

❶じゃがいも、玉ねぎ、人参は火が通りやすいように薄切りにする。ポリ袋に材料をすべて入れる。ポリ袋を水の中に沈めて、中の空気を抜く。ポリ袋の中に空気が入らないようにねじり上げ、袋の口をかたく結ぶ。

❷水を張って皿を敷いた鍋に、①を入れて蓋をして火をつける。沸騰したら中火にし、そのまま約20分間加熱する。火を止めて蓋をしたまま10分間、余熱で火を通す。できあがったらお好みで塩、こしょうをして味を調える。

コンビーフとキャベツのチーズ蒸し

ポリ袋調理

コンビーフから出るうま味で、出汁いらず
キャベツの甘みとからみ合い、おいしさ全開

キャベツのビタミンCが
鉄分の吸収を助ける

【材料・2人分】

コンビーフ缶……1缶
キャベツ……4～5枚(200g)
粉チーズ……大さじ2
塩、こしょう(お好みで)……少々

【作り方】

❶ポリ袋に、手でちぎったキャベツと、そのほかの材料もすべて入れる。ポリ袋を水の中に沈めて、中の空気を抜く。ポリ袋の中に空気が入らないようにねじり上げ、袋の口をかたく結ぶ。

❷水を張って皿を敷いた鍋に、①を入れて蓋をして火をつける。沸騰したら中火にし、そのまま約10分間加熱する。火を止めて蓋をしたまま10分間、余熱で火を通す。できあがったらお好みで塩、こしょうをして味を調える。

ポリ袋＋鍋&フライパンを使って

ポリ袋
調理

牛肉大和煮丼

牛肉でエネルギーチャージ
シンプルな具材だからこそ、肉のうま味が引き立つ

動物性タンパク質不足は
スタミナ不足のもと

【材料・1人分】

牛肉の大和煮缶……1缶
玉ねぎ……中1/4個(25g)
水……大さじ1
紅しょうが(お好みで)……少々
ごはん……1膳

【作り方】

1. ポリ袋に牛肉の大和煮を缶汁ごと、薄切りにした玉ねぎ、水を入れる。ポリ袋を水の中に沈めて、中の空気を抜く。ポリ袋の中に空気が入らないようにねじり上げ、袋の口をかたく結ぶ。
2. 水を張って皿を敷いた鍋に、①を入れて蓋をして火をつける。沸騰したら中火にし、そのまま約10分間加熱する。火を止めて蓋をしたまま10分間、余熱で火を通す。ごはんを器に盛り、そのうえに牛肉大和煮を盛る。

POINT

大和煮とは、牛肉を、醤油、砂糖、しょうがで甘辛く煮たものです。牛肉のほかにも、鯨肉や馬肉などの大和煮缶があります。

フライパンクッキング

切り干し大根の焼きそば風

**水戻し不要だから、切り干し大根の栄養が丸ごと摂れる
シャキシャキ食感とソース味がクセになる**

【材料・2人分】

切り干し大根……30g
鶏ささみ缶……1缶
人参……中1/2個
水……大さじ2
おろししょうが(チューブ入りでも)……少々
ウスターソース……大さじ1～2
青のり……少々

【作り方】

❶ポリ袋に、鶏ささみは缶汁ごと、切り干し大根、ピーラーでカットした人参、水、おろししょうがを入れてよくもんで混ぜる。

❷フライパンにクッキングシートを敷き、①の材料を炒め、ウスターソースで味を調え、青のりをかける。

クッキングシートを敷けば、使ったフライパンをさっと拭くだけでOK。

フライパン
クッキング

お好み焼き餅

シンプルだけど、はずれなしのおいしさ
朝ごはんにもおすすめ

【材料・2人分】

切り餅……4個
ケチャップ、マヨネーズ、
ウスターソース……適量
かつお節……少々
焼きのり……適量
青のり(お好みで)……少々

【作り方】

❶フライパンにクッキングシートを敷き、餅を並べ、蓋をして焼く。
❷焼けた餅に調味料をぬり、上からかつお節をかけ、適当な大きさに切ったのりで巻く。

クッキングシートを敷くと、フライパンにお餅がくっつかないので、ひっくり返すのもラク。蓋をすると短時間で熱がまわり、こんがり、ふっくら焼き上がる。

フライパン
クッキング

芋けんぴ

**カリカリけんぴが揚げずにできる
さつまいもの甘さが際立つおやつに**

皮の近くにポリフェノールが
たっぷり。皮ごとおいしい

【材料・2人分】

さつまいも……中1/2本
砂糖……大さじ2
黒ごま……大さじ1

【作り方】

❶フライパンにクッキングシートを敷き、細長くスティック状に切ったさつまいもを炒める。中まで火が通り、焼き色がついたら砂糖を入れて全体をからませる。黒ごまをふってできあがり。

POINT

さつまいもは切ってからすぐに焼けば、水にさらさなくても変色しません。カラッ、サクッと焼き上がります。

ちょっと手を加えれば、カンパンがぐっと食べやすくなる

カンパンアレンジレシピ

非常食と聞くと、すぐに「カンパン」を思い浮かべる方が多いのでは。

でも、最近では行政の災害食の備蓄の中から、カンパンが消えつつあります。硬くてパサパサしていて食べにくいからというのがその理由で、代わりにビスケットやクラッカーなどが増えてきているようです。

残念なことにカンパンの廃棄率は高いと聞きます。カンパンが硬くて食べにくいと思われる方は、フルーツ缶のシロップにつけるとやわらくなるのでおすすめです。

ただ、今のカンパンはそれほど硬くありません。私の息子はごまの風味が香ばしくておいしいと、おやつに好んで食べているので、わが家では常備しています。カンパンにはカルシウムも含まれているので、成長期のお子さんの朝食にも適しています。

食べものの好みは人それぞれなので、お口に合わない方は常備する必要はないと思います。

カンパンちょい足し

淡白な味のカンパンが、おいしく変身

【材料・2人分】

カンパン……適量

フルーツ缶、あずき煮、クリームチーズ、マーマレード

【作り方】

❶フルーツ缶のシロップにカンパンを浸けてやわらかくしたり、あずき煮、マーマレードなどをつける。クリームチーズにはお好みでこしょうをかける。

カンパンピザ風

カット不要で食べやすい。小腹がすいたら即、作りたい

【材料・2人分】

カンパン……適量
とけるチーズ、またはスライスチーズ
　……適量
ピザソース、またはケチャップ
　……適量
タバスコ(お好みで)
　……少々

【作り方】

❶フライパンにクッキングシートを敷き、カンパンを並べて上にピザソース（ケチャップ）とチーズをのせて蓋をして焼く。チーズがとけたらクッキングシートごと取り出し、皿にのせる。

カンパンかりんとう

カリカリ、サクサクがあとを引く、おやつの定番に

【材料・2人分】

カンパン……50g
黒砂糖……30g
水……小さじ2
黒ごま……少々

【作り方】

❶ポリ袋に黒砂糖と水を入れて湯煎で溶かし、そこにカンパンを入れてよく混ぜる。できあがったら黒ごまをかける。

火を使わずにごはんができあがる

アルファ化米アレンジレシピ

アルファ化米は、お米を炊飯後に急速乾燥したもので、水やお湯を注ぐだけでごはんに戻る便利な食品です。水では60分、お湯だと15分でおいしいごはんが食べられます。「五目ご飯」や「わかめご飯」など、味のバリエーションが10種類以上あり、長期保存が可能なので、自治体の多くがアルファ化米を備蓄しています。

「非常食なので、普段の食事で食べてはいけないような気がする」という声を聞くことがありますが、先入観を持たずに、普段からどんどん食べてみてください。火を使わずに食べられるので、暑い夏にはもってこいです。

また、水だけではなく、お茶やジュースなどでも、おいしく戻ります。特に、野菜ジュースやトマトジュースを使うと栄養効果も得られておすすめです。災害時はどうしてもビタミンやミネラル、食物繊維が不足がちになるので、それらを補うことができます。

※野菜ジュースで戻す場合は、80分かかります。

焼き鳥なめたけごはん

なめたけを加えれば、のどごしよく、食べやすい

【材料・2人分】

アルファ化米(白飯)……1袋

水……表示の分量(160～170mℓ)

焼き鳥缶……1缶

なめたけ……大さじ2(30g)

きざみのり……適量

【作り方】

❶アルファ化米を表示通りに作り、できあがったらその中になめたけを入れて混ぜ合わせる。

❷①を2つの器に分けて盛り、それぞれのごはんの上に刻みのりと、缶汁ごと焼き鳥をのせる。

野菜ジュースごはん

野菜のビタミン、ミネラル、食物繊維をごはんにプラス

【材料・2人分】

アルファ化米（わかめご飯や五目ご飯など）……1袋

野菜ジュース（トマトジュースでも）……1缶（約170～190ml）

【作り方】

1 アルファ化米の袋から脱酸素材、スプーンを取り出し、野菜（トマト）ジュースを入れてすぐによく混ぜて、袋の蓋を閉める。常温の場合は80分、温めた野菜ジュースの場合は20分でできあがり。

豆茶ごはん

香り豊かな上品さが、大人好みの味

【材料・2人分】

アルファ化米（白米）……1袋

大豆 ドライパック……1袋

お茶（緑茶、麦茶など）……表示の分量（160～170mℓ）

塩昆布……小さじ1強

【作り方】

1 アルファ化米の袋から脱酸素材、スプーンを取り出し、大豆、塩昆布を入れてよく混ぜ、さらにお茶を入れてすぐによく混ぜて、袋の蓋を閉める。お茶が常温の場合は80分、温かいお茶の場合は20分でできあがり。

「もしも」に備える知恵

食の備えとともに、災害対策が必要です。
何をどう備えるか、
手つかずの方も多いことでしょう。
私が実践している災害対策を、
ご紹介します。

「災害食」って、なんのこと？

非常事態が起こったときのために備蓄する食品

以前は「非常食」と呼んでいましたが、最近では「災害食」、「防災食」と呼ぶことが増えています。

かつての非常食は、長期保存とエネルギー補給を目的としているため、水分が少ないものが多く、その代表がカンパンで、非常時に食べる特別なものと考えられていました。

でも、災害時に普段食べ慣れているものや、おいしいものを食べることが、生きる気力につながります。制限された状況の中でも、より日常に近い食事をしたい。そのために備蓄しておく食品のことを「災害食」と呼んでいます。「災害食」は、決して特別なものではありません。

以前、「災害食セミナー」において、「災害時用の備蓄を、なんと呼ぶのが適切か？」というアンケートを取らせていただいたことがあります。

その回答をご紹介します。

・生き延びるための保存食　・サバイバル食
・生存食　・備蓄食　・災害食　・防災食
・ローリング食　・ストック食　・保存食
・困った時食　・いざという時食　など

↓

この結果から、災害食は生きるための食事だと再認識しました。

備蓄食品として、まず長期保存できるものを、と考えると選択幅が狭まります。

好きなもの、食べたいと思うものを優先して備えてください。

どこに備蓄したらいいの？

収納場所がないから備蓄できない？

備蓄をしていない理由として、「収納場所がない」「どこに置いておけばいいのかわからない」などが挙げられます。確かに、取り出しやすい場所に保管しなければ意味がないので、収納場所に困るという状況はよくわかります。

家庭環境は千差万別、備蓄方法に正解はありません。ここではわが家の備蓄を例にとりますが、各ご家庭に合った方法や、何ができるかを考えるきっかけとしていただければと思います。

分散備蓄をおすすめ

災害食をまとめて備蓄しようとするとまとまった場所が必要になりますが、分散備蓄は家の中の隙間を使うことができます。

とくに水は各部屋に置いておくと、災害後部屋に閉じ込められたときに役立ちます。わが家では車庫や倉庫、車の中にも置いています。すぐに取り出すことができる場所に備蓄しましょう。

（写真右）缶詰の保管には本棚を利用。奥行きが狭いので奥のものも取り出しやすい。
（写真左）缶詰の水は製造日から7年間の長期保存が可能。押し入れの収納ボックスに災害用グッズと水を保管。家族の誰が見ても探せるように、中のものが何かを、紙に書いて貼っている。

賞味期限ぎれを防ぐ備蓄法

●1か所にまとめて備蓄することのデメリット

1か所に置いておくと、その場所が被災すると、備蓄しているものがすべて取り出せなくなるというリスクがあります。

入り口が塞がれて災害食を備蓄している部屋に入ることができない、水害によって、まとめて備蓄していた食料が水に浸かり、すべて食べられなくなってしまう。そんなリスクを避けるためにも分散備蓄をおすすめします。

●賞味期限ぎれを防ぐポイント

●賞味期限を見えるところに書き込む

わが家では、缶詰や市販の災害食などの備蓄食料に対して、パッと見えるところに、マジックで大きく賞味期限を書いています。

そうすれば、底に書いてある小さな文字を探す必要がなく、書くことで早めに食べることを意識するようになるからです。

付箋や布テープ、マスキングテープに書いて缶詰や仕切り板に貼る場合は、保管している場所に、テープと一緒にマジックを置いておくと、その場で書けるので便利。

●収納のコツ

以前、私は缶詰を種類別にまとめて保管していました。これだと使うときには探しやすいのですが、どうしても賞味期限ぎれのものが出てしまったので、今では賞味期限ごとに分けて備蓄をしています。

[例1] 棚の段ごとに賞味期限別に置く。上の段は賞味期限が今年中のもの、下の段は来年と再来年までのものをストック。

▼

上の段が減ったら下の段から賞味期限が近いものを上の段にあげる。

▼

使うときはなるべく上の段のものから使う。

[例2] 棚の左に賞味期限が近いものを入れる。

▼

右に行くほど賞味期限が先のものを入れていく。

▼

左から使っていき、使うごとに横にずらしていく。

この収納法によって、子どもでも、どこから食べるといいのかわかりやすくなり、賞味期限を意識してくれるようになりました。

在宅避難の場合は、まず冷蔵庫の食材の整理を

●身の安全を確保したあとにすることは？

災害が起こったあとも、自宅で生活＝「在宅避難」ができれば、何かと不自由な避難所生活に比べて、ずいぶんと安心感があるのではないでしょうか。

とは言っても被災直後は、電気、ガス、水道が止まりパニック状態になっているかもしれません。

私が考える優先順位は、

❶まずは命を守ること、安全の確保、安否確認。

❷家の中で倒れているもの、壊れているものの片付け。

❸そして、食事作り。

混乱時は、食事に手間をかける時間も余裕もなくなります。すぐに食べられる市販の災害食はとても便利なのですが、災害食は日持ちがするので、停電をしたときはまず、できるかぎり冷蔵庫、冷凍庫のものから活用するようにしましょう。

冷凍庫の注意ポイント

●停電しても冷凍庫の庫内はしばらく冷えているので、食材はそのまま入れておく。

●冷凍庫の食材は、凍っているので食品自体が保冷剤の役目をする。たくさん詰まっているほど、溶け

にくく、冷凍食品は保冷剤代わりにもなる。

●1回開けるごとに冷気が逃げるので、開けるのは必要最小限にする。

●引き出し式の冷凍庫の場合は、保存庫の上に新聞紙を置くと蓋の役目をし、冷気が逃げるのを防ぎます。

⚠ 冷蔵庫の注意ポイント

●まず、冷蔵庫のものから食べる。

▼

冷蔵庫は停電すると数時間後には庫内の温度は上昇、要冷蔵の食品は食べられなくなる。

●調味料は災害時の食事作りのさいに重宝するので、保冷バッグに移し替える。

⚠ 保冷バッグの注意ポイント

●冷蔵庫の中にある子どもの好きなもの、食べられるものを選んで保冷バッグに移す。

●冷気は上から下に移動するので、保冷剤を食品の上にあるだけ置いておく。

●自動製氷機で作られた氷を大切に活用。すぐにポリ袋に入れて保

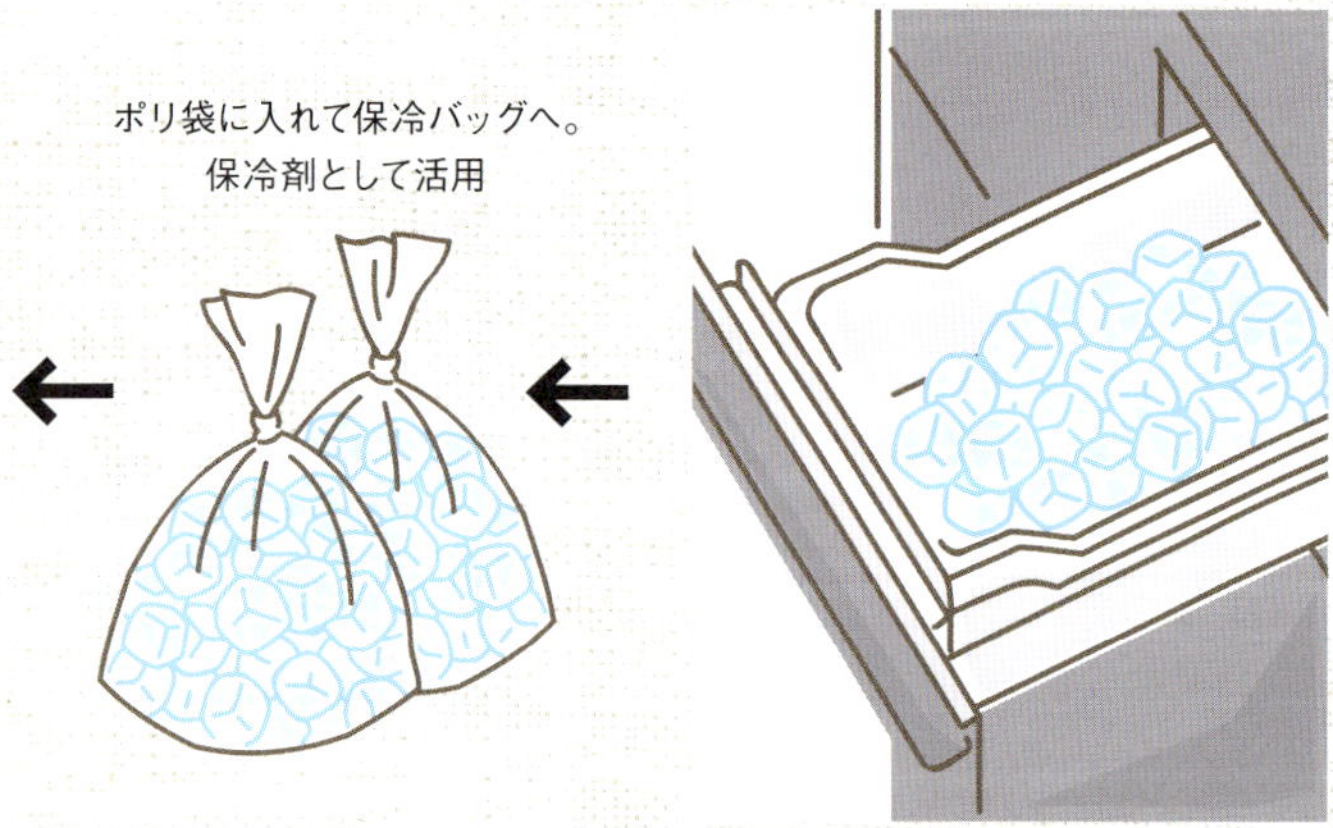
ポリ袋に入れて保冷バッグへ。
保冷剤として活用

冷バッグへ。

◀

保冷剤の役目を果たす。

●溶けたあとは飲み水として活用できるので、無駄がない。

捨てる勇気も必要!!

色々工夫しても、停電によって食材はどんどん悪くなる一方です。季節や住居環境によってはすぐに傷むこともあります。

普段は生のままで食べているハムやかまぼこも、常温にさらされた後は火を通して食べたほうが安全です。少しでも味の変化を感じたら、絶対に口にしないようにしましょう。

災害時に食中毒をおこすと悲惨です。ちょっとした下痢も命取りになることがあるので、十分に注意してください。

貴重な食材を破棄するのは、もったいないものですが、非常時には身の安全を最優先し、捨てる勇気を持つことも大切だと思っています。

溶けたら飲み水として

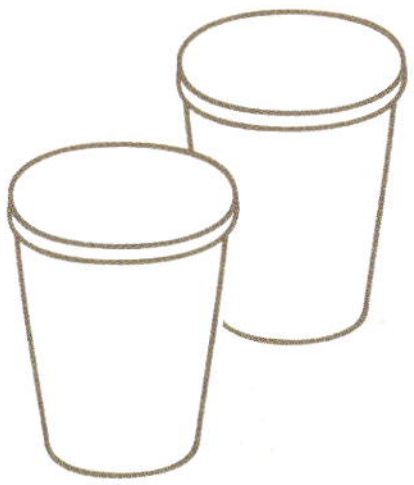

自然解凍で食べられるものを備蓄

普段から冷凍庫には自然解凍で食べられるお弁当用の冷凍食品や、ゆでた野菜、パンなどを少し多めに入れておくと自然解凍をして食べられるので安心です。普段食べている食品が、いざというときの災害食になります。

大地震のときは、家財道具が凶器になる!?

家具・家電の転倒、落下、移動防止対策をして、身を守りましょう

阪神・淡路大震災の死因第1位は、家具などの転倒による圧死でした。近年の地震被害調査によると、ケガをした原因の約3割～5割は家具の転倒、落下、移動によるものだそうです。

暮らしを豊かにしてくれる家具や家電ですが、地震が起きると凶器へと変わります。

主な危険としては、

- 倒れた家具や家電によってケガをしたり、避難通路が塞がれたりする。
- 家具や家電につまずいて転ぶ。
- 割れた食器やガラスでケガをする。

など。さまざまな危険から身を守るために、家具や家電の転倒、落下、移動防止対策が必要です。

家の中には危険がいっぱい！

冷蔵庫

重量のある冷蔵庫も転倒します。転倒を免れたとしても、扉が開くと食べかけの料理のお皿、びん詰食品、牛乳、マヨネーズなどが飛び出し

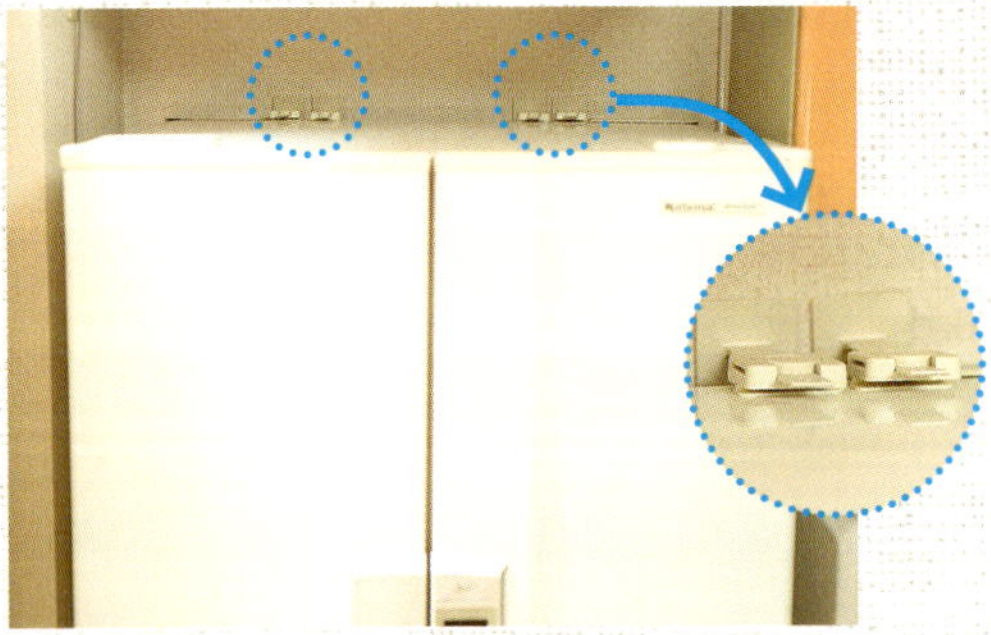

地震対策用に市販されているストッパーは、強力粘着テープで、冷蔵庫と壁に取り付けて固定するもの。

てきます。ガラス類が割れたりすると、その処理をするにも停電や断水などによって、掃除機が使えない、布巾や雑巾を水で洗えないという状況に陥ります。

▼対策＝ベルト式器具などで、冷蔵庫の上部と壁を固定する。

食器棚

食器棚の転倒は、ガラスが散乱して大惨事となるので、突っ張り棒などで固定が必要です。転倒を免れても、観音開きの扉が開いて中の食器が飛び出したり、扉のガラスが割れたりします。

▼対策＝●食器棚を突っ張り棒などで固定し、観音開きの扉だけではなく、引き戸や引き出しなども開かないようにロックを取り付けると安心。

●扉のガラスに、ガラス飛散防止フィルムを貼る。

●食器の下に滑り止めマットを敷く。

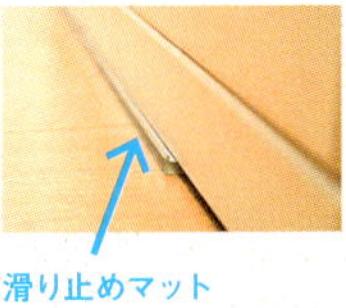

（写真上）吊り戸棚の中の食器の飛び出し防止に、揺れを感知すると自動でロックされる道具を取り付けると安心。（写真左）食器棚の上に突っ張り棒、下に滑り止めマットを挟み入れると、耐震強度が増す。

家具・家電製品など

洋服ダンスや本棚、家電製品などが転倒すると下敷きになってケガをしたり、避難経路が塞がれたりします。棚の上に置いた電子レンジや大型テレビも転倒、玄関の靴箱の中のものが散乱。高層階の住居では家具の「移動」が発生。グランドピアノが動き、窓ガラスに当たって割れる可能性もあります。

▼対策＝●転倒防止器具で固定する。粘着マット式、ストッパー式、ポール式、つっぱり棒などがある。他にもさまざまな転倒防止器具があるので、それぞれ家具に合ったものを選んで取り付けることが必要。

●家の中の避難ルートを考えて、廊下、玄関、部屋の出入り口付近にはなるべくものを置かないようにする。

●寝室では、ベッド周りになるべく家具を置かないようにする。置く場合は背の低いものや、寝る位置を家具が倒れてこない所にする工夫を。

●可能であれば、家具類をひと部屋に集め、寝室には何も置かない。

●窓ガラスの前にものを置かない。または倒れても当たらない方向に置く。

●転倒防止器具の過信は禁物

家具の転倒防止器具には、例えば「震度7対応」など、震度7相当での転倒防止を期待させる表示をした商品があります。しかし、こればかりは実際に地震が起こったあとで、効果があるかないかが判明します。表示を鵜呑《うの》みにせずに、備えはできるかぎり万全にしましょう。

●家具の上下に転倒防止器具を組み合わせて使用すると効果が高まる。

〈組合せ例〉ポール式＋ストッパー式、ポール式＋マット式など。

このような対策を施すことによって、身の安全の確保とともに、メチャクチャになった部屋を片付ける手間も減らせるメリットがあります。

本棚は、あらかじめ天井に固定できる突っ張り板がセットされているものを購入。壁と本棚の隙間も有効活用できる。

わが家のルールを決めましょう

●災害食を食べる日を決める

備蓄してある災害食を日常時に家族で食べてみてください。

例えば、アルファ化米を食べるさいに、開封して水やお湯を入れたものの、脱酸素剤を取り出し忘れていたり、発火剤付きの災害食は、上手に作れなかったりすることがあります。

食べてみると味が濃かったり、辛かったりして、水分が必要、箸や食器が必要になるなど、作ってみて初めて知ることが多くあることに気づきます。

災害食を特別なものにしないために、私のおすすめは、

●毎月給料日前の1週間は災害食を食べると決める。　●月末は災害食を食べる。

●雨の日は備蓄している災害食を食べる。　●お出かけした日の夕食に災害食を食べる。

●潮干狩りやピクニックなど行楽に行くときは、災害食を持参して外で食べる。

●半年ごとに災害食を食べる日を決める（9月1日や3月11日など）。

など、いずれかのうちからルールにしやすい日を選定してください。

●家族防災会議を開催

普段から家族との会話、話し合いの場を持ってください。「家族防災会議」を開き、防災についての話

をするだけでも意識が高まります。

《確認事項》

- ●地震が起きたときはどうすればよい？
- ●わが家の避難場所はどこ？
- ●非常持ち出し袋に何が入っているか覚えてる？
- ●備蓄している災害食を作って食べてみよう。
- ●備蓄してある水、食品の保管場所はどこかわかる？
- ●賞味期限がきれているものがないかを確認。
- ●携帯トイレを使ってみよう。
- ●汲み置きしている水でトイレが流せるか、試してみよう。
- ●災害用伝言ダイヤルを試してみよう。
- ●携帯の充電が切れたらすべての電話番号が見られないので、紙に家族、親戚などの連絡先を書いておこう。

●家族のルールを決める

家族でルールを共有することが大切です。それぞれ認識しているルールが違っている場合があります。子どもはしばらく時間があくと、記憶があいまいになるので、紙に避難場所、災害用伝言サービスの番号などを書いて貼っておくのも有効です。繰り返し何度も確認してください。

「171」はＮＴＴが提供する災害伝言ダイヤル。災害の時には被災地への通信が増加し、つながりにくい状況になります。あらかじめＮＴＴのホームページで使い方を確認して、実際に試してみてください。
携帯電話各社でも安否情報サービスがあります。携帯メニューからポータルサイトにアクセスして使用ができます。

子どもに伝えている、わが家のルール

災害発生時に、子どもが家にいて、親が不在だった場合

●大規模災害が起きたとき、まずは自分で自分の身の安全を確保する。

●携帯や電話はつながらない可能性がある。連絡がとれなくても、パニックにならないことを心がける。

●家にいられる状態であれば、むやみに行動を起こさず、備蓄してある災害食、水、携帯トイレを使って、親が帰ってくるまで待つ。

●落ち着いたら災害用伝言ダイヤルにメッセージを入れたり、おばあちゃんの家に連絡をする。

●自宅避難ができない状況になったときは、布テープにマジックで名前、ケガの有無、行先場所、現在時刻を書いて、玄関や目立つところに貼る。

▶紙に書いてセロテープで貼ると、風で飛ぶ場合があります。

●場合によっては仲良しのご近所さんの家に助けを求める。

▶仲良しのご近所さんとは、助け合うことを話し合い済み。家を出る場合は、必ず布テープに行き先を書いて貼っておくことを伝えています。

●わが家の避難場所に指定されている場所は小学校で、多くの避難者が集まっていると思われるので、家族の集合場所を、いくつかある門の中の1つに決めています。そこへ毎日14時～14時半に行くようにします。

▶時間を決めておかないと、子どもはママに会えるまでトイレも我慢してずっとその場所で待っていたりするので、その時間以外は、安全な場所にいるように取り決めています。

▶集合時間帯を家族で共有しているので、必ず家族みんながそこで会えると伝えています。

災害発生時に、子どもが1人で外出していた場合

●津波や河川の氾濫の危険がある場所では、近くの高台や高層ビル、マンションなどに避難して、安全が確保できるまで待機する。

●火事が起きた場合は、広域避難場所や広い場所へ避難して、自治体などによって安全が確認され、指示があってから避難所に移動する。

▶大規模災害時の大火事の場合は、何日も燃え続ける可能性があります。

●交通機関が動いていないときは、むやみに歩いて移動しない。

▶パニックによって方向感覚を保てないことがあります。

●信用できる(できそうな)大人に助けを求める。声を出す勇気を持つ。

子どもの防災意識を高めるために、親ができること

命を守るために、「生きる力」を育む

私は以前、２人の子どもに、「ママがいるから大丈夫。何があってもママがあなたたちを守るから」と伝えていました。「私が子どもを守れる」という自信を持っていたのです。でも、それは間違いだと気がつきました。

地震はある日、突然やってきます。親がいつも子どものそばにいられるとは限りません。私が家に帰れない状況になったり、連絡を取り合えないこともあるでしょう。

そのため今では、子どもに「いざというときは、自分の命は自分で守って」、「とにかく生きて。生きていれば必ず会えるから」と伝えています。

でも、一方で子どもは「自分を守るのは自分しかいない」と思うことで、不安になったり怖がったりします。そこでわが家では、普段から防災について会話をし、身を守る術を学んでいけるように心がけています。

机の下にもぐるのはなんのため？

「地震がきたら机の下にもぐって頭を守る」。子どもたちは小さい頃か

らそう教わっています。でも、何のために机の下にもぐるのかを理解しておかないと、誤った行動につながることも――。

ある生徒が校庭で遊んでいたときに地震が起こり、大急ぎで三階の教室に走って戻り、机の下にもぐったという事例があります。

机の下にもぐることの目的は、頭を守るため。このことをきちんと理解していないと、意味のない行動をし、逆に危険にさらされることになることを、子どもに伝えることが大切です。

母親の防災力を高めましょう

非常時はマニュアルでは対応できないことが続くもの。大人が焦ると、子どもはもっとパニック状態になります。災害時の避難は危険が伴うので、あわてず焦らず、状況に応じた行動をとることが必要でしょう。

家族の防災力を高めるためには、まず母親の防災力を高めることです。

私は小学生のとき、ガールスカウトに所属していたことがあり、何もない山奥でテントをはり火を起こし、穴を掘ってトイレを作った経験があります。そこで学んだことは「生きるためには『応用力』が必要」ということでした。もしものときに、落ち着いた行動をとるためには、やはり普段からの備えと心の準備が大切だと思っています。

ヘッドライトは優れもの

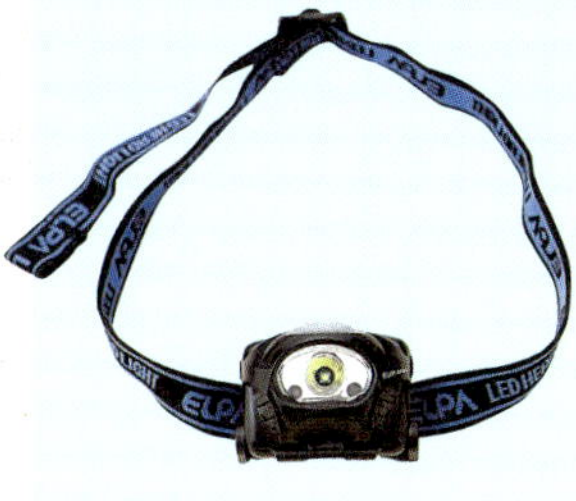

災害時に、手に持つ懐中電灯やランタンは行動の妨げになります。それに比べて、両手が使え、自分の目線の先を照らせるヘッドライトはお役立ちグッズです。

私の息子に試させたところ、おでこにつけるだけでなく、首にかけたり、腕に巻いたりしていました。どの位置でも、行動に必要な明かりを得ることができました。

高齢者の低栄養に気をつけましょう

救援物資が届かないこともあるので、備蓄が必要

災害時、自力での避難が困難で、避難行動に支援を要する人々のことを、災害弱者といいます。防災行政上は、災害時要援護者といい、認知症や体力的に衰えている高齢者がこの中に含まれます。災害時要援護者には、行政から優先的に、おかゆなど高齢者の体に配慮された食事が提供されます。しかし、救援物資がなかなか届かず、口に合わない食べものしか配られないという状況も起こりえます。

高齢者のいるご家庭は、体調に合わせた、普段食べ慣れているものを備蓄するようにしてください。

高齢者の低栄養が心配

気をつけていただきたいのは、低栄養です。低栄養とは、エネルギーとタンパク質が欠乏し、健康な体を維持し活動するのに必要な栄養素が足りない状態をいいます。

藤田保健衛生大学病院の東口高志教授によると、日本人の高齢者の2割が低栄養で、約半数に低栄養のリスクがあ

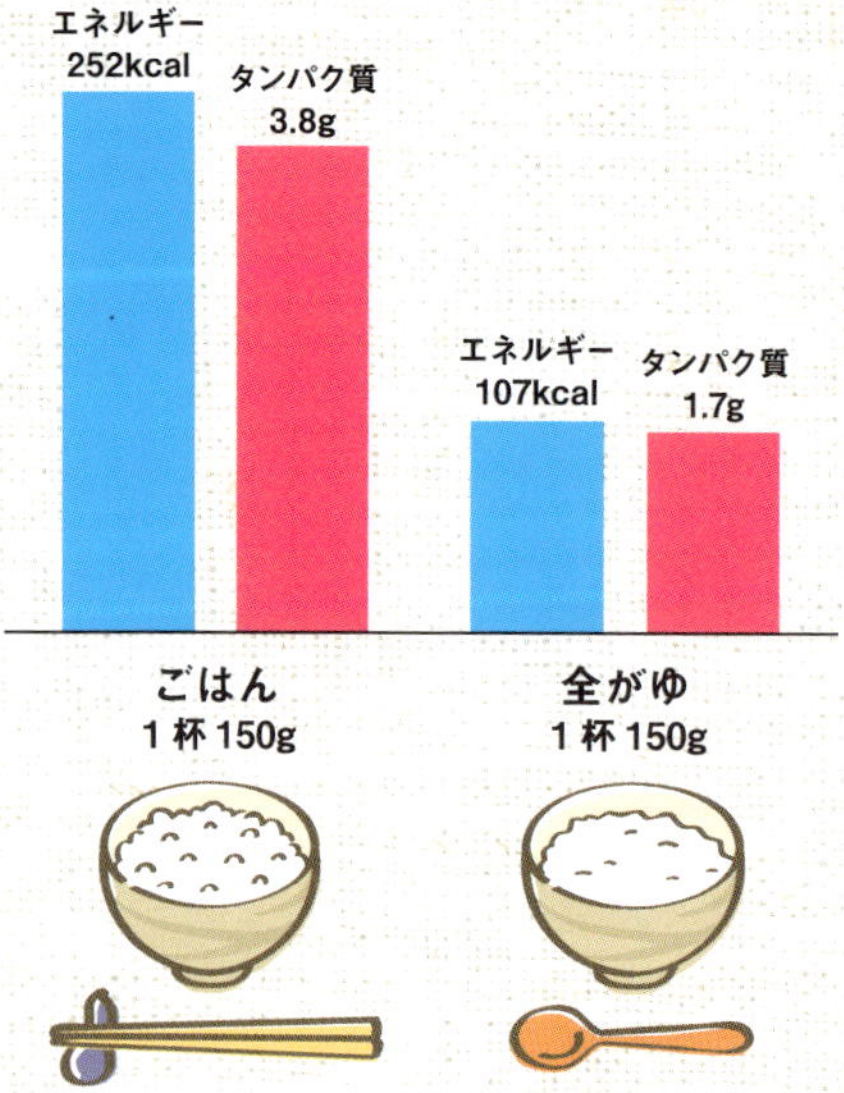

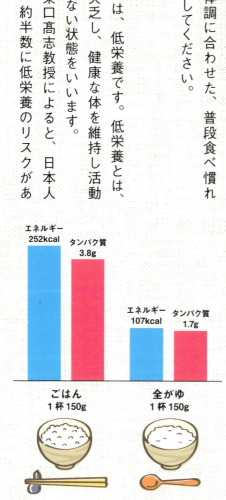

るとのことです。

低栄養になると、骨や筋肉の量、免疫力、体力、気力、認知能力などが低下します。その状態が続くと寝たきりになる恐れがあるので、とくに災害時は、栄養バランスを意識して食事を摂ることが大切となります。

高カロリー食の備蓄も必要

災害時はどうしても食欲がわかず、おかゆなどしか受けつけなくなる方がいます。おかゆは、水分補給としてはよいのですが、摂取エネルギー量やタンパク質がご飯の半分以下なので、食べ続けると低栄養になってしまいます。

高カロリーで食べやすいもの、例えば、ようかんやチョコレートなど、お好きなものも備蓄してください。

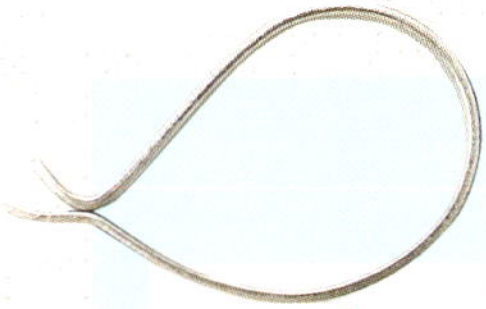

缶詰の蓋をあけやすくする「オプナー」

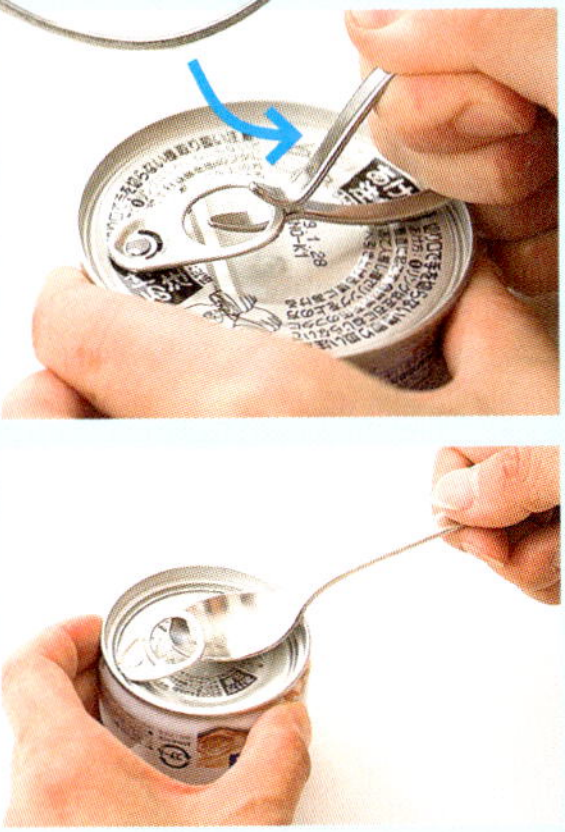

「さば缶が好きなのだけれど、缶詰の蓋が開けられなくて困っている」という高齢者の声を聞きます。缶詰のプルタブやボトルタイプの調味料の中栓を開けるのは、それなりの力が必要ですが、左の写真のように、この「オプナー」をプルタブの中にくぐらせて上へ上げ、手前に引くと簡単に開けられます。
低栄養にならないように普段からタンパク質、DHA、EPAが豊富な魚系の缶詰を食べるようにしましょう。

「オプナー」がなくても、スプーンでプルトップを引き上げておくと開けやすくなる。

食物アレルギー対応は、多めの備蓄を心がけて

増加をする子どもの食物アレルギー

厚生労働省の調査によると、0～14歳の子どもの約40%が、東京や大阪のような都市部の4歳以下の子どもにいたっては2人に1人がなんらかのアレルギーをもっているということです。

気管支ぜんそくやアレルギー性皮膚炎、アレルギー性鼻炎、アトピー性皮膚炎など、さまざまな症状が現れるアレルギー疾患。その原因とされる物質（アレルゲン）もハウスダストやダニ、植物の花粉、動物の毛など多岐にわたります。

また、特定の食物を摂ることにより、じんましんやかゆみなどのアレルギー症状が起こる食物アレルギーをもっていると、血圧低下や意識障害などのショック症状を伴う場合があり、命をおびやかす危険な状態を引き起こすことがあるので、手に入る食料が制限されると思われる災害時は、注意が必要です。

避難所でのアレルギー対応食配布の現状

私は数年前まで管理栄養士として保育園に勤めていたさいに、食物アレルギーをもつ園児が、給食でなるべくみんなと同じ献立が食べられるにはどうしたらいいかを勉強しました。

献立はアレルギー食品を除去したり、除去する食品の代替食品を使って対応しました。命にかかわることなので、「間違えた」ではすみません。

そんなアレルギーをもつ人が、避難所で過ごすことになったらどうしたらいいのでしょうか。現在では、さまざまな食品でアレルギー対応食品が発売されていますが、東日本大震災のときに、自治体の保管場所でアレルギー対応食が一般物質と混じってしまい、必要な人に配ることができないという事態が発生しました。

熊本地震のさいには4万食のアレルギー対応食がありましたが、食料が足りない状況の中で一般食料として配られた例もあったということです。

●アレルギー対応食は、普段から多めに備蓄を

災害時、日中の避難所では、会社や家の後片付けに向かう人が多く、残る人が少なくなるため、昼食はカップ麺や菓子パンなどの軽食が提供されることが多く、これらは小麦、乳、卵に対してアレルギーをもっている人は食べられません。また、仕出し弁当が配布されたとしても、原材料がわからないと不安で食べることができません。

災害発生直後避難所では、アレルギー対応食がすぐに配られるとは限らないので、ここでも各ご家庭で備蓄することが大切となります。備蓄食料は、一般家庭で1週間分以上が推奨されていますが、食物アレルギーをもつ人は、不足したさいに入手が困難になるので、より多くの備蓄が必要です。

また、非常持ち出し袋にも、最低3日分のアレルギー対応食を用意しておきましょう。

●特定原材料等（アレルギー物質）27品目——

【表示義務7品目】

とくにアレルギーを引き起こしやすいとされる食品として、加工食品に表示が義務づけられている品目

えび／かに／小麦／そば／卵／乳／落花生

【表示推奨20品目】可能な限り表示が推奨されている品目

あわび／いか／いくら／オレンジ／カシューナッツ／キウイ／牛肉／くるみ／ごま／さけ／さば／大豆／鶏肉／バナナ／豚肉／まつたけ／もも／やまいも／りんご／ゼラチン

缶詰で食べられるアレルギー対応食

特定原材料等27品目不使用の缶詰食品も市販されています。

【食物アレルギー対応食アルファ化米】

ひじきご飯／わかめご飯／きのこご飯

（アルファー食品株式会社）

【食物アレルギー対応食缶詰】

和風肉じゃが／大根のそぼろ煮／かぼちゃのそぼろ煮

（株式会社ジェイ・インターナショナル）

アルファ化米ひじきごはんとかぼちゃのそぼろ煮缶

避難所でアレルギー症状が出ることが！　その原因

- ゴミ箱に入っている卵の殻を何かの拍子で触ってしまった。
- まな板代わりにするために、牛乳パックを開き洗って使用した。
- 炊き出しや仕出し弁当で、見た目にはアレルゲンはないと思ったが、隠し味にアレルゲンのバターが使われていた。
- 小麦粉の空き袋を工作に使った。
- カップ式自動販売機で、ノズルに前の人が購入したミルクが微量に残っていて、それが混入した。

アレルギーをもつ人は、本人も家族も大変な思いをしています。気づかずにアレルゲンと接触してしまうことが起こるので、周りの方の協力と理解が大切です。

牛乳が手に入らない。どうしたらいいの？

●成長期の子どもも、大人や高齢者もカルシウムの補給は重要

東日本大震災発生後、しばらくの間、乳製品が手に入らなかったことを記憶している方も多いのではないでしょうか。

牛乳や乳製品に多く含まれるカルシウムは、骨や歯を丈夫にしてくれることで知られていますが、そのほかにもイライラを静める効果もあります。カルシウムが多く含まれている魚の缶詰、桜えび、小松菜などを食べるとよいのですが、効率よくカルシウムを摂るためには、カルシウム量が多く吸収のよい乳製品を摂ることをおすすめします。

わが家では普段から、カルシウム補給のために、牛乳やチーズ、ヨーグルトなどの乳製品を常備していますが、乳製品の多くは冷蔵保存が必要です。これは災害時に冷蔵庫が使用できなくなるとデメリットとなります。

最近では、常温保存、長期保存できる牛乳も市販されているのでご紹介します。

常温保存が可能な牛乳の利点

現在、冷蔵庫保存の必要がない牛乳が各メーカーから販売され

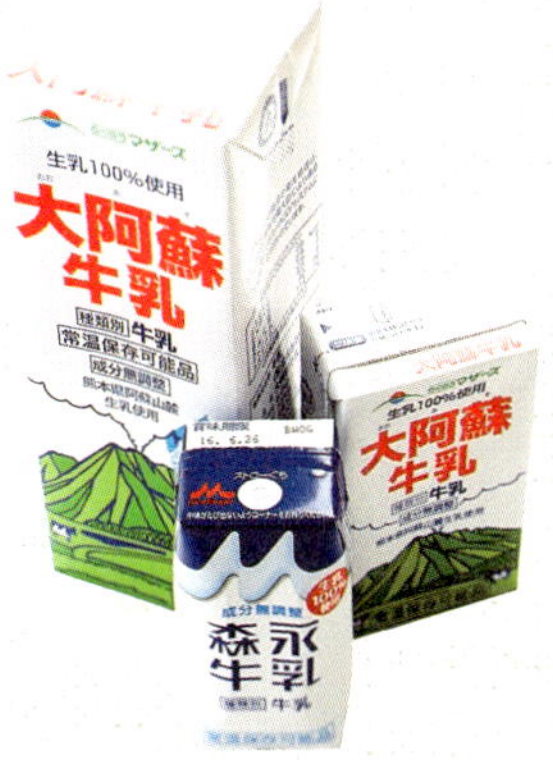

常温保存が可能な牛乳も、開封後は冷蔵保存が必要です。

ています。ＬＬ牛乳（ロングライフミルク）、長期保存牛乳、ＵＨＴ乳などと言われ、保存料などの添加物は不使用。

- 乳成分を調整せずに超高温滅菌し、無菌状態でパック。
- 常温で2〜3か月間、保存が可能。

注意点

- 常温とは、外気温を超えない温度。直射日光の当たらない、風通しのいい場所で保存する必要がある。
- 開封後は10℃以下で保存し、賞味期限にかかわらず、できるだけ早く飲む。
- 停電時は、内容量が1リットルのものだと、飲み残すと廃棄しなければならない。**▼200㎖、250㎖入りなど飲みきりサイズがおすすめです。**

味について

常温保存可能牛乳の味は、普通の牛乳と異なると感じる人が多いようです。殺菌の一段階上の「滅菌」をするため、時間的には数秒ですが、高温で熱殺菌をかけるので、タンパク質と匂いの成分が変性し、味も変化します。**▼好みの味かどうか、味見をしてから備蓄することをおすすめします。**

長期保存牛乳のほかに、備蓄できる乳製品としてスキムミルクがあります。そのまま入れたり、水に溶かして入れたりして料理やお菓子作りに活用できます。

非常持ち出し袋に何を入れたら？

●用意するものは、千差万別

災害発生時、自宅が被災し避難所生活が余儀なくされたときに備えて、非常用持ち出し袋の用意もしておきたいものです。

総務省消防庁が、「非常持ち出し袋に最低これだけは必要な物」として以下のものをあげています。

印かん／現金／救急箱／貯金通帳／懐中電灯／ライター／缶切り／ロウソク／ナイフ／衣類／手袋／ほ乳びん／インスタントラーメン／毛布／ラジオ／食品／ヘルメット／防災ずきん／電池／水

でも、どうでしょうか。ご自分の生活と照らし合わせて必要なものだと思われますか？

自分や家族に必要なものは何かを考えて備えなければ、せっかく用意していても無用の長物になってしまいます。

大家族の方、乳幼児、ご高齢の方がいる方、1人暮らしの方など、家族構成によって必要なものが違ってきます。自分だけの「防災オリジナルセット」を準備してください。そして、用意をしたら背負ってみてください。重すぎて歩きにくくならないように、重量の目安は10kg以内です。

へそくりは大切

東日本大震災を経験した方からお聞きして「なるほど」と思ったことがあります。公衆電話をかけるために長い列に並んでいたのに、小銭がない……。そのとき、周りの方が善意で小銭を集めてくれたそうです。小銭も必要なのですね。

さらに、電気がストップするとATMなどが使えずお金をおろせず、カードも使えなくなるので、現金もある程度、家に置いておいたほうがいいとのことです。せっかくスーパーが再開したのに現金がなくて買い物ができない、ということのないように、へそくりも必要かもしれませんね。

●私が用意している非常用持ち出し袋

あくまでも私個人が必要としているもので、私や家族が使用するためのものです。

バッグイン携帯備蓄

カバンの中に、常に携帯して持ち歩いています。電車が止まったときや、大渋滞に巻き込まれたときにも重宝します。

水（ペットボトルや水筒）／飴／栄養食品（手を汚さず開けてすぐに食べられる高カロリーなもの）／ポリ袋（濡れた物・汚れた物を入れたり嘔吐用にも重宝）／マスク／ハンカチ／ティッシュ／ホイッスル／筆記用具、携帯電話の予備のバッテリー（携帯電話が懐中電灯にもなる）／歯ブラシセット（私のこだわりで、精神安定剤の役目をします）／（季節や場合によって）使い捨てカイロ／簡易ブランケット／ポンチョ付き簡易トイレなど

リュック型非常持ち出し袋

緊急時に持ち出す、命を守るための備えです。家族全員1人1個ずつ用意し、取り出しやすい玄関などに備えています。

水／イオン飲料／野菜ジュース／すぐに食べられる災害食／ポリ袋大小／ウェットティッシュ／缶切り・はさみ・爪切りなどがセットになっているもの／ヘッドライト／手回しラジオ／簡易毛布／簡易トイレ／マスク／眼鏡／生理用品／タオル／歯ブラシセット／軍手／レインコート（防寒着にもなる）／筆記用具／肩掛けポーチ（貴重品と携帯を肌身離さず持ち歩くため）／ハンドクリーム／5本指ソックス／かかとのあるスリッパ（子どもは上履き）／風呂敷／ガムテープなどの文房具セット／現金・小銭など

非常用持ち出し袋は靴箱の下に。シートなどの敷物の上にのせておくと、すべりがよくなり、リュックを取り出しやすくなる。

横浜市鶴見区の取り組み―「防災ウエストバッグ備蓄」

鶴見区では1日分の食料、水、携帯トイレが入ったウエストバッグを、嘱託職員を含む常勤職員約700名全員に配布し、座席に備えつけています。災害時の初動体制を迅速化することができ、交通機関が動かず、歩いて帰宅しなくなければならなときにも、両手が塞がらないので、長時間歩きやすくなります。

食料と水の確保と同等に、トイレ対策が絶対必要！

トイレを我慢しないために

生命維持のために食事と水が大切であることをお伝えする中で、もうひとつ切り離せないのが排泄で、このトイレ問題が、災害時に深刻な事態を招いていることをずっと心配しています。

トイレの衛生状態が悪くなると、できるだけ行かなくてすむように食事や水分補給を控えてしまいます。そうなると栄養状態の悪化や脱水症状などを招いたり、血栓ができてエコノミー症候群などを引き起こすという重大な健康被害に直面します。

排泄を我慢しなくてすむように、トイレ対策には万全を期していただきたいと思っています。

災害時、家庭のトイレはどうなる？

大規模災害が起きると、水洗トイレが使えなくなる可能性があります。

水道、排水管、下水道、電気に被害が出ると、トイレの水が出ない、流せない、電気がつかないという状況に陥ります。

集合住宅などでは排水管が破損して詰まると、トイレの水を流したときに、一階など下層階で汚水が逆流し、あふれ出ることがあるようです。安全確認ができるまで、トイレを使用しないなどのルール作りも必要と思われます。

家庭でできるトイレ対策

トイレに行きたいときに行ける、安心して用を足せる――普段、当たり前にできていることを災害時でも変わらずにできることが理想です。そのためには、災害時の食料や水と同等にトイレ対策も重要となります。被災後でも便器が使用可能な状態であれば、断水して水が出ない、水が流せないという場合でも、工夫をすれば使用することができます。

携帯トイレの備蓄と、実際に使ってみることの重要性

色々な種類の携帯トイレ（汚物袋）が市販されていますが、それぞれ使い方が違うので、説明書の確認が大切になります。

ここで強くおすすめしたいのが、備蓄するだけではなくて、必ず試してみることです。それぞれの製品に一長一短があることがわかります。

私は様々な種類の携帯トイレを備蓄し、実際に今までたくさんの携帯トイレを使ってみました。その中で、手を汚したりする失敗もあり、「これが災害時だったら、厄介なことになる」と何度も思いました。

予行練習が、いざという時の安心につながります。

携帯トイレの使い方と注意点

ここで、携帯トイレの一般的な使い方と、私が実際に試してみてわかった注意点をご紹介します。

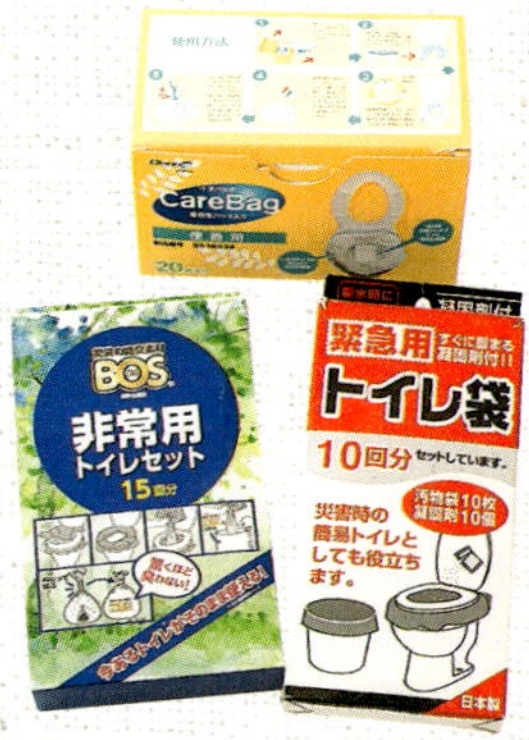

市販品は、事前に試してみることが重要！

《使い方》

●便器に大きなポリ袋をかぶせ、その上から携帯トイレ（汚物袋）を設置。

注意ポイント

便器の中に直接、携帯トイレ（汚物袋）を設置すると底面に水がつき、袋をしばるときに置いた床や手が濡れてしまったりします。便器をすっぽりと覆うように大きなポリ袋をかぶせておけば、重ねた携帯トイレ（汚物袋）だけを替えれば、底面が濡れずにすみます。

※受けネットと便袋のセットも市販されています。洋式トイレの便座に受けネットを取り付ければ、大きなポリ袋をかぶせる必要はありません。

※携帯トイレ（汚物袋）の色は各メーカーによって違います。黒や青が多いのは汚物が見えないようにするためですが、私は尿の色がわからず不安になりました。尿の色は健康のバロメーターなので、私は白いポリ袋で尿の色が見えるもののほうが安心感があります。それを黒い大きなポリ袋（保管用）に入れれば、汚物が見えることもありません。私の場合はポリ袋の色よりも、「臭わない」ことを優先して備蓄することにしました。

●用を足し、汚物を固める。

吸収パッドや吸水凝固シートで固めるタイプ、粉末状、タブレット、錠剤の凝固剤で固めるタイプがあります。さらに用を足す前に入れておくタイプ、用を足したあとに振りかけるタイプがあります。

注意ポイント

トイレットペーパーはできるかぎり、分別処分する。

※携帯トイレは各メーカーによって吸収できる尿量や便量が違います。「吸水目安４００㎖」、「容量５００㎖」、「おしっこ３回分吸収」などと書いてあるので、実際に吸収量を確認してみました。３回分吸収させようと使い続けたところ、吸収しきれず袋の中が非常に不快な状態で、後始末に四苦八苦。この体験から、吸収パッドを追加で入れて固まらせればいいことを学習しました。

※糖尿病などで常服薬を飲んでいる方は、凝固剤が固まりにくい場合があります。「いざというときに、役に立たなかった」ということが起こらないように、やはり平常時に試しておくのがいいと思います。

●携帯トイレ（汚物袋）だけ取り出して空気を抜いて口を強くしばって捨てる。

注意ポイント

使用済みの携帯トイレ（汚物袋）の処理は市町村のゴミ収集方法に従ってください。

※被災後、ゴミ収集車の回収がストップすると、汚物はしばらく家に置いておかなくてはいけません。蓋付きのバケツや、臭わない防臭袋などで保管することをおすすめします。特にベランダや庭など外に保管する場合は、カラスなどに袋を破かれることもあるので気をつけてください。

※臭いの問題が深刻で、もし夏の暑い時期に災害が起きると、悪臭や虫がわく心配も。その対策のために、私は臭いや菌を閉じ込める防臭袋を備蓄し、その中に汚物袋を入れるようにしようと思っています。

洗浄用に水の確保が必要

断水しても、下水管や下水道に被害がなく、水が流せる場合に備えて、わが家ではトイレの中に、空いたペットボトルに水を入れてたくさん置いています。

トイレだけでなく、生活に使う水もたくさん必要なので、水やお茶のペットボトルが空くたびに、水道水を入れて保管。水は空気が入らないようにふち一杯まで入れます。ジュースの空ボトルは匂いやべたつきがあるので使用しません。

注意ポイント

水洗タンク式の場合は、汲み置きしておいたペットボトルの水を、タンクの中に通常入っているくらいの量を入れてレバーを回すと、水が出て汚物が流れます。

タンク式でない場合の洗浄は、ペットボトル1本では水量が足りないので、バケツなどに移し替えてください。バケツ1杯（6～8ℓ）の水を一気に流し込みますが、排水管の途中に汚物がたまるのを防ぐために、2～3回に一度は多めの水（10～12ℓ）を流しましょう。

最新のトイレは洗面器1杯分（3～4ℓ）で足りるそうなので、平

必要な携帯トイレ（汚物袋）の数【4人家族のわが家の場合】

●一般的な「尿量」の平均:1回＝200ml ～ 300ml
／1日＝1.5ℓ～2ℓ／1日＝5回～7回

●携帯トイレ（汚物袋）の数
大便＝1回ごとに交換＋小便＝2～3回ごとに交換
吸収パッド1日＝3枚使用(給水パッドの吸収目安は1枚で400 ～ 500ml)
1日3枚×7日分＝1人当たり＝21枚備蓄が必要

▶家族4人分で合計84枚必要

84枚という数を目にすると、そんなにたくさんないと足りないの？　と重荷になるかもしれませんが、とても重要なもので備蓄が絶対必要だと私は思っています。

常時に試してみてください。そのさいは、新聞紙や雑巾などを敷いて、床が濡れるのを防ぎましょう。

衛生管理のポイント

●便器や床が汚れたらウェットティッシュで拭き取り清潔を保つ。
●消臭剤、消臭スプレーを使用する。
●感染症予防に除菌洗浄剤を希釈したもので拭き掃除をする。
●手洗いと手指の消毒をする。手洗い用の水がない場合は、ウェットティッシュで汚れをふき取り、アルコール消毒液を手に取ってこすりあわせて手指の消毒をする。

※消毒液で手荒れをすることがあるので、ハンドクリームを用意すると安心です。

使用済みのペットボトル一杯に水を入れて、生活用水として備蓄。バケツの用意も忘れずに。

●避難所でのトイレ事情

熊本地震の被災地では、屋外の仮設トイレから強烈な悪臭が漂ったそうです。また和式タイプがほとんどなので、足腰の悪い高齢者や車いす使用の方々の不便・不快さは並大抵のものではなかったことでしょう。

避難所のトイレは大勢の人が使用するため、普段以上に衛生面の配慮が必要になります。手洗いをしないと腸管出血性大腸菌などを含んだ便が、手や指を介して口に入り、下痢や嘔吐を引き起こします。また、ノロウイルスの感染拡大を招きます。対策として、感染症を予防するために手洗いを徹底し、体育館などの室内トイレでは、専用の履物を用意することをおすすめします。

おわりに——「もしも」のときも笑顔でいるために

私には2人の子どもがいるので、災害が起きたときに、まず考えるのは「どうやったら子どもを守れるか」ということです。特に東日本大震災が起こったときは、子どもがまだ幼稚園生だったため不安でいっぱいでした。

災害時に子どもを連れて避難するのは、大人1人で避難するよりも数倍大変です。幸いにも避難の必要に迫られることはありませんでしたが、避難先で小さな子どもに我慢をさせることは、誰にとっても難しいことです。「もしも」に備えてできるかぎり準備をしなければいけないと、強く思いました。

私は管理栄養士、日本災害食学会災害食専門員、日本栄養士会災害支援チーム（JDA-DAT）、環境アレルギーアドバイザー、水のマイスターとして、災害が起こったあと、誰もが健康でいられるために、何ができるかをいつも考えています。

本書は、災害時に役立つように「即食レシピ」「省エネレシピ」「整食レシピ」のほかに、「もしもに備える知恵」を盛り込んだ、私の思いがいっぱい詰まった1冊です。

おいしいものを食べると心がなごみ、思わずニッコリ笑顔になります。そのために「毎日の食事を大切にして、健康を維持する」レシピを考えました。「もしも」のときも、みんなが笑顔でいられるように、いつもの食事ができるように、ご家庭で食料を備蓄してください。そして、毎日の食事作りに、本書をご活用していただけたらうれしく思います。

最後になりましたが、私の思いを受け止めてくださった清流出版の松原淑子さん、カメラマンの中川真理子さん、デザイナーの大森由美さんに、心より感謝申し上げます。

２０１６年７月

今泉マユ子

今泉マユ子（いまいずみ・まゆこ）

管理栄養士・日本災害食学会災害食専門員。1969年生まれ。現在、神奈川県横浜市在住。管理栄養士として大手企業、病院、保育園に長年勤め、2014年に管理栄養士の会社を起業。企業アドバイザーとしてレシピ開発、商品開発に携わるほか、食育、スポーツ栄養、災害食に力を注ぎ、講演、講師活動を行う。junior野菜ソムリエ、水のマイスター、環境アレルギーアドバイザーなどの資格も持つ。NHKテレビ「あさイチ」「おはよう日本」、日本テレビ「news every.」ほか、テレビ、ラジオ出演多数。新聞、雑誌でも幅広く活躍中。著書に『体と心がよろこぶ 缶詰「健康」レシピ』、石川伸一氏と共著『「もしも」に備える食　災害時でも、いつもの食事を』（清流出版）、『からだにおいしい缶詰レシピ』（法研）がある。

公式ホームページは「オフィスRM」http://www.office-rm.com/

スタッフ

撮影	中川真理子
ブックデザイン	大森由美（ニコ）
イラスト	小林由枝（熊アート）
協力	飯田和美／矢澤あや

食材・商品提供

アルファー食品株式会社（アルファ化米）
☎ 03-6661-2950

カゴメ株式会社（大豆のお肉のミートソース缶・トマトソース缶・トマトジュース）お客様相談センター
☎ 0120-401-831

トーヨーフーズ株式会社（ドライパック大豆・ひじき・コーン・ミックスビーンズ・どこでもスイーツ缶）
☎ 03-6261-4541（http://www.toyofoods.co.jp）

株式会社ジェイ・インターナショナル（食物アレルギー対応食缶詰）
☎ 078-262-1682

イカワ企画株式会社（オプナー）
☎ 080-5036-6303

災害時に役立つ　かんたん時短、「即食」レシピ
もしもごはん

2016 年 8 月 13 日　初版第 1 刷発行
2023 年 10 月 23 日　初版第 5 刷発行

著　者	今泉マユ子
	ⓒ Mayuko Imaizumi 2016, Printed in Japan
発行者	松原淑子
発行所	清流出版株式会社
	〒 101-0051
	東京都千代田区神田神保町 3-7-1
	電話　03-3288-5405
	http://www.seiryupub.co.jp/
印刷・製本	大日本印刷株式会社

乱丁・落丁本はお取替えします。
ISBN 978-4-86029-450-2

本書のコピー、スキャン、デジタル化などの無断複製は著作権法上での例外を除き禁じられています。本書を代行業者などの第三者に依頼してスキャンやデジタル化をすることは、個人や家庭内の利用であっても認められていません。

今泉マユ子さんの好評既刊本

本体 1500 円＋税

「もしも」に備える食
災害時でも、いつもの食事を

石川伸一 ● 今泉マユ子

いつ起きるかわからない災害に
日頃から備えるコツと、
普段から使える災害食レシピが満載。

本体 1400 円＋税

体と心がよろこぶ
缶詰「健康」レシピ

今泉マユ子

缶詰＋健康食材＝元気になる！
味・栄養価・塩分などを著者がチェックし、
使用する缶詰を厳選。